AF230717

ÉMILE DE GIRARDIN

L'UNION FRANÇAISE

EXTINCTION DE LA GUERRE CIVILE

PAR

L'ADOPTION DE LA CONSTITUTION AMÉRICAINE

> Quand le monde n'aperçoit pas d'issue au bout des chemins frayés qu'il a longtemps parcourus, il doit, sous peine de s'affaisser et de périr, tenter une autre voie.
>
> ERNEST DESMAREST, *ancien bâtonnier du barreau de Paris et maire démissionnaire du IX° arrondissement.*
> LES ÉTATS PROVINCIAUX.

CINQUANTE CENTIMES

EN VENTE

CHEZ TOUS LES LIBRAIRES

DANS TOUS LES KIOSQUES | DANS TOUTES LES GARES

Mai 1871

ÉMILE DE GIRARDIN

L'UNION FRANÇAISE

EXTINCTION DE LA GUERRE CIVILE

PAR

L'ADOPTION DE LA CONSTITUTION AMÉRICAINE

[epigraph illegible]

CINQUANTE CENTIMES

EN VENTE

DANS TOUS LES KIOSQUES | DANS TOUTES LES GARES

Mai 1871

ÉMILE DE GIRARDIN

L'UNION FRANÇAISE

EXTINCTION DE LA GUERRE CIVILE

PAR

L'ADOPTION DE LA CONSTITUTION AMÉRICAINE

> Quand le monde n'aperçoit pas d'issue au bout des chemins frayés qu'il a longtemps parcourus, il doit, sous peine de s'affaisser et de périr, tenter une autre voie.
>
> ERNEST DESMAREST, *ancien bâtonnier du barreau de Paris et maire démissionnaire du IX* arrondissement.*
>
> LES ÉTATS PROVINCIAUX.

EN VENTE

CHEZ TOUS LES LIBRAIRES

DANS TOUS LES KIOSQUES | DANS TOUTES LES GARES

Mai 1871

LES DIVERSES DIVISIONS TERRITORIALES ET ADMINISTRATIVES

DE LA FRANCE

1789

LES 34 PROVINCES

Alsace	Bourgogne	Ile-de-France	Orléanais
Angoumois	Bretagne	Languedoc	Picardie
Anjou	Champagne	Limousin	Poitou
Artois	Corse	Lorraine	Provence
Aunis	Dauphiné	Lyonnais	Roussillon
Auvergne	Flandre	Maine	Saintonge et Aunis
Béarn	Foix	Marche	Touraine
Berry	Franche-Comté	Nivernais	
Bourbonnais	Guienne	Normandie	

LES 32 GRANDS GOUVERNEMENTS

Alsace	Bourgogne	Ile-de-France	Normandie
Anjou	Bretagne	Languedoc	Orléanais
Artois	Champagne	Limousin	Picardie
Aunis	Dauphiné	Lorraine	Poitou
Auvergne	Flandre	Lyonnais	Provence
Béarn	Foix	Maine	Roussillon
Berry	Franche-Comté	Marche	Saintonge
Bourbonnais	Guienne	Nivernais	Touraine

LES 27 GÉNÉRALITÉS

Alençon	Châlons-s.-Marne	Montauban	Riom
Amiens	Flandre et Artois	Montpellier	Rouen
Auch	Franche-Comté	Moulins	Soissons
Bordeaux	Grenoble	Orléans	Toulouse
Bourges	La Rochelle	Paris	Tours
Bourgogne	Limoges	Poitiers	Trois Evêchés
Caen	Lyon	Provence	

LES 14 PARLEMENTS

Aix	Douai	Paris	Toulouse
Besançon	Grenoble	Pau	Trévoux
Bordeaux	Metz	Rennes	
Dijon	Nancy	Rouen	

1790

DIVISION EN 83 DÉPARTEMENTS

Au lieu de se rapprocher de l'ancienne répartition de la France par généralités, qui paraissait l plus simple et la mieux adaptée au génie et au goût de la population qu'un législateur doit consulter, on a découpé la France comme un morceau de drap en quatre-vingt et quelques pièces pour en faire quatre-vingt et quelques départements.

PUY-VALLÉE. Assemblée nationale, 5 novembre 1789.

DIVISION JUDICIAIRE *27 ressorts de cours d'appel*	DIVISION MILITAIRE *22 divisions militaires* (1)
Agen	. . . .
Aix	. . . .
Amiens	. . . .
Angers	. . . .
Bastia	Bastia
Besançon	Besançon
	Bayonne
. . . .	Bordeaux
Bordeaux	Bourges
Bourges	. . . .
Caen	Châlons-sur-Marne
. . . .	Clermont-Ferrand
. . . .	. . . .
Colmar	. . . .
Dijon	. . . .
Douai	Grenoble
Grenoble	Lille
. . . .	Limoges
Limoges	Lyon
Lyon	Marseille
. . . .	Metz
Metz	Montpellier
Montpellier	. . . .
Nancy	Nantes
. . . .	. . . .
Nîmes	. . . .
Orléans	Paris
Paris	. . . .
Pau	Perpignan
. . . .	. . . .
Poitiers	Rouen
Rouen	Rennes
Rennes	. . . .
Riom	Strasbourg
. . . .	Toulouse
Toulouse	Tours
. . . .	

(1) Les 27 ressorts judiciaires et les 22 divisions militaires sont mis en regard afin que le lecteur puisse saisir d'un coup d'œil en quoi elles diffèrent. Il va sans dire que, si l'idée fédérative était admise, division judiciaire et division militaire se fonderaient l'une dans l'autre.

PROPOSITION BOUDERON

FAITE LE 10 FÉVRIER 1871 A L'ASSEMBLÉE NATIONALE A BORDEAUX

PREMIER ÉTAT (3 départements).

Etat de Paris ou de l'Ile-de-France

Seine.................	2.150.916
Seine-et-Oise..........	533.527
Seine-et-Marne........	354.467
Total...	3.039.150

DEUXIÈME ÉTAT (6 départements).

La Manche

Seine-Inférieure.......	792.768
Calvados..............	474.900
Eure	394.467
Oise..................	401.274
Orne	414.618
Manche	573.899
Total...	3.051.926

TROISIEME ÉTAT (4 départements)

Le Pas-de-Calais

Somme	572.640
Aisne.......	565.025
Pas-de-Calais..........	749.777
Nord	1.392.041
Total...	3.279.483

QUATRIÈME ÉTAT (6 départements)

Le Nord

Meuse................	301.653
Aube	288.626
Haute-Marne..........	239.096
Ardennes	326.864
Marne	590.809
Yonne	372.589
Total...	1.939.637

CINQUIÈME ÉTAT (6 départements)

L'Est

Haut-Rhin	530.285
Bas-Rhin..	688.900
Haute-Saône	317.706
Moselle...............	442.137
Meurthe	448.387
Vosges............	418.998
Total...	2.736.503

SIXIÈME ETAT (6 départements).

Les Monts Jura

Jura.................	298.477
Doubs	208.072
Côte-d'Or	382.762
Saône-et-Loire	600.000
Savoie...............	271.663
Haute-Savoie.........	273.768
Total...	2.034.742

SEPTIÈME ÉTAT (4 départements).

Le Rhône

Rhône	678.648
Loire.................	1.376 643
Ain..................	312.663
Haute-Loire...........	312.661
Total...	1.905.060

HUITIÈME ÉTAT (8 départements).

Les Alpes

Hautes-Alpes.	122.117
Basses-Alpes	143.000
Alpes-Maritimes	199.818
Isère.................	581.386
Var..................	308.550
Corse	249.861
Drôme...............	324.231
Vaucluse.............	266.091
Total...	2.204.054

NEUVIÈME ÉTAT (6 départements)

De la Méditerranée

Bouches-du-Rhôn	547.903
Hérault...............	427.245
Aude	288.626
Gard.................	429.747
Ardèche..............	387.174
Lozère...............	137.263
Total...	2.217.958

DIXIEME ETAT (7 départements).

Les Pyrénées-Orientales

Pyrénées-Orientales	189.490
Ariége	250.436
Haute-Garonne........	493.777

Tarn-et-Garonne 228.969
Aveyron 400 070
Tarn................. 355.313
Lot. 288.919

Total... 2.196.977

ONZIÈME ETAT (6 départements).
Les Pyrénées-Occidentales

Hautes-Pyrénées....... 240.252
Basses-Pyrénées 445.486
Landes............... 306.693
Gironde............. 701.855
Lot-et-Garonne....... 327.962
Gers................. 295.692

Total... 2.307.940

DOUZIÈME ÉTAT (7 départements).
De l'Océan

Charente............. 378.218
Charente-Inférieure.... 479.559
Vendée............... 404.473
Deux-Sèvres......... 333.154
Loire-Inférieure....... 598.598
Maine-et-Loire........ 532.325
Vienne............... 325.527

Total... 3.050.855

TREIZIÈME ÉTAT (7 départements)
Les Monts d'Auvergne

Puy-de-Dôme......... 575.690
Cantal............... 237.994
Creuse............... 274.957
Corrèze............. 310.843
Allier............... 376.164
Haute-Vienne......... 326.037
Dordogne............ 502.673

Total... 2.602.458

QUATORZIÈME ÉTAT (7 départem^s)
Du Centre

Cher................. 336.613
Indre................. 277.860
Loir-et-Cher......... 275.757
Loiret............... 357.110

Eure-et-Loir.......... 290.753
Indre-et-Loire......... 325.193
Nièvre............... 342.773

Total... 2.206.059

QUINZIÈME ÉTAT (6 departements
Du Cap Finistère

Finistère............. 662.485
Ille-et-Vilaine........ 592.609
Côtes-du-Nord........ 641.210
Morbihan............ 501.084
Mayenne............. 367.855
Sarthe............... 363.619

Total... 3.228.862

Les Colonies d'Afrique
(4 ÉTATS, 1 TERRITOIRE)

Algérie .... 3 Etats.
Ile de la Réunion ...... 1 Etat.
Le Sénégal et dépendances.—Territoire.

Les Colonies d'Amérique
(1 ÉTAT, 1 TERRITOIRE)

Ile Martinique. 2 arrondissements.
Guadeloupe ... 3 id.
Saint-Pierre et Miquelon. — Territoire.

Les Colonies d'Asie
TERRITOIRE

Pondichéry.
Karikal.
Chandernagor.
Mahé.
Saïgon.

Les Colonies de l'Océanie
TERRITOIRE

Ile Taïti.
Iles Marquises ou Noukaïva.
Akaroa, station navale, Nouvelle-Zélande.
Nouvelle-Calédonie ou la Perle de l'Océan-Pacifique.

Etant adoptée l'idée de la République fédérale sous ce titre *l'Union française*, à l'instar de celui de *l'Union américaine*, il resterait à examiner et à débattre cette question : Quelle est celle de ces divisions qui doit être préférée ?

L'UNION FRANÇAISE

BASES DU COMPROMIS

Division territoriale de la France en quinze États.

Chaque État ayant son Sénat et sa Chambre des représentants.

Représentation locale composée de trente assemblées.

Souveraineté a deux degrés : I. nationale ; II. locale.

Congrès fédéral composé de deux Assemblées :

I. Chambre des États ; II. Chambre des Représentants de la Nation.

La République fédérale au lieu de la République centraliste.

Conciliation sans concession ni de la part de l'Assemblée de Versailles, ni de la part de la Commune de Paris.

I

LA PENSÉE DE TOUS

5 mai 1871.

Tous les hommes de cœur, tous les hommes de sens, tous les hommes de bien que n'aveugle pas la fumée de la poudre, que n'assourdissent pas le cri des mitrailleuses et l'éclat des obus n'ont plus qu'une pensée : mettre fin à une guerre fratricide autrement que par une victoire qui ne serait qu'une trève.

Cette pensée a pour témoignages de son unanimité la persistance des tentatives et la diversité des propositions de conciliation qui ont été faites sans que l'insuccès les décourageât.

Pourquoi aucune d'elles n'a-t-elle réussi?

C'est que toutes ont eu l'ingénuité de prendre au mot les programmes de la Commune de Paris et les discours du gouvernement de Versailles, comme s'ils étaient, ce qu'ils n'étaient pas, l'expression de la vérité.

La vérité, malgré toutes les déclarations sincères, mais personnelles, de M. Thiers; la vérité, c'est que la majorité de l'Assemblée nationale, qui a succédé à l'usurpation du 4 septembre 1870, est essentiellement monarchique et passionnément anti républicaine ; la vérité, c'est que cette majorité eût déjà proclamé la royauté et relevé le trône, s'il n'y eût eu qu'un seul prétendant et s'il n'eût pas fallu compter avec l'opposition menaçante de Paris, de Lille, de Lyon, de Marseille, de Toulouse, même de Bordeaux ; la vérité, malgré tous les manifestes de la Commune, c'est que dans sa pensée ces mots « *les franchises municipales de Paris* » n'étaient qu'un masque de combat mis sur le visage du parti d'action, qui, au risque de la déportation, au risque de sa vie, ayant rétabli la République une première fois en 1848, une seconde fois en 1870, et se l'étant vue ravir dans la nuit du 2 décembre 1851 par des soldats avinés, a pris des mesures pour s'opposer, les armes à la main, à ce qu'elle pût lui être enlevée une troisième fois.

La fédération de la garde nationale de Paris s'explique par la défiance de l'armée de Sedan et de Metz rappelée à Versailles.

La République comme la Monarchie, l'Election comme l'Hérédité a ses légitimistes; ceux-là aussi intolérants, aussi exclusifs que ceux-ci.

La vérité, je reviens à elle, la vérité c'est qu'à Paris, le parti d'action veut absolument la République, et qu'à Versailles, le parti d'action, contenu à grand'peine par le ministère du 19 février, n'en veut absolument pas.

Celui-ci donne pour raison qu'il est l'expression de la majorité nationale ; celui-là donne pour motif que le suffrage universel et l'hérédité monarchique sont incompatibles, et que si l'hérédité a son droit divin, la logique, elle aussi, a le sien.

Logiquement, en effet, le suffrage universel et l'hérédité monarchique s'excluent. Toute forme de gouvernement est un mécanisme. Essayez donc de mettre en mouvement un engrenage composé de deux roues, l'une qui tourne, l'autre qui ne tourne pas. La plus forte brisera la plus faible.

Il peut y avoir dans le même pays deux souverainetés inégales en puissance, l'une relevant de l'autre : l'une suzeraine, l'autre vassale ; mais il ne saurait y avoir deux souverainetés égales en droit et en fait De la souveraineté nationale, ayant pour sceptre le suffrage universel, et de la souveraineté royale, incarnation du droit divin, laquelle des deux serait la suzeraine, laquelle des deux serait la vassale ?

Lorsque deux partis adverses sont, l'un à l'égard de l'autre, ce que l'inconséquence est à la logique, comment, sans courir au-devant de la déception, a-t-on pu s'imaginer que l'on réussirait à les réconcilier et à les concilier ?

Un Compromis entre Paris et Versailles est possible, mais à une condition expresse : c'est que les deux parties dissidentes y trouveront chacune également leur compte ; c'est qu'aucune n'aura à faire de concession qui coûte à sa dignité.

Paris, qui se souvient des manœuvres royalistes de 1849, de la loi réactionnaire du 31 mai 1850 et du coup d'Etat dynastique du 2 décembre 1851, Paris, à moins qu'il n'ait été désarmé et vaincu par des forces supérieures à celles dont il dispose derrière ses remparts et derrière ses barricades, Paris militant voudra des garanties efficaces contre le retour possible, en 1871, de l'un de ces risques.

Quelles garanties efficaces pourront lui être données si l'armée du 2 décembre, si l'armée de Sedan et de Metz reprend possession, à Paris, de ses vastes et innombrables casernes ? Quoique parfaitement sincères et loyales, les déclarations de M. Thiers, président du conseil et chef du pouvoir exécutif de la République française, ne sauraient être considérées comme des garanties suffisantes, car elles n'engagent que sa personne, attendu que la majorité, qui a eu le pouvoir de le nommer, a conservé intact le pouvoir de le révoquer. Le 10 février, elle dépendait entièrement de lui ; maintenant c'est lui qui dépend entièrement d'elle. Aussi est-il obligé d'envelopper sa parole de réserves, lesquelles réserves, cependant, ne suffisent pas encore à contenir les impatiences monarchiques qui débordent. Evidemment, si libérale qu'elle soit, la loi municipale qu'a votée, le 14 avril, l'Assemblée nationale, ne saurait non plus être considérée comme une garantie suffisante contre une éventualité si transparente. De garanties sérieuses, de garanties efficaces qu'il ne sera pas attenté à l'existence du gouvernement actuel, il n'y en pas d'autres que celles dont l'Union américaine et la Confédération helvétique offrent le modèle, avec l'expérience et le succès pour caution. Ce modèle, pourquoi la France ne l'imiterait-elle pas? Pourquoi n'adopterait-elle pas la forme de la République fédérale et ne se nommerait-elle pas l'Union française? Est-ce que l'Union avec la paix, avec la liberté, avec la sécurité, avec la stabilité, vaut moins que l'Unité avec la guerre, avec la révolution, avec l'arbitraire, avec l'instabilité? Est-ce que l'Union exclut dans une juste mesure l'Unité? Est-ce que l'Unité dans toute sa puissance n'existe pas aux États-Unis et en Suisse, quand il s'agit d'y faire respecter leur indépendance ou leur honneur? Est-ce que l'Unité française n'existait pas en 1789, alors que la France, composée de *pays d'Etat* et de *pays d'élections*, était divisée en trente-quatre provinces et en quarante gouvernements dont trente-deux grands et huit petits, au lieu de l'être en quatre-vingt-trois départements, et comptait quatorze parlements? Est-ce qu'enfin la France de Louis XIV n'était pas une grande puissance?

C'était le conseil que l'éminent auteur de l'*Histoire des États-Unis*, de *Paris en Amérique*, du *Parti libéral et son avenir*, de l'*État et ses limites*, etc., M. Edouard Laboulaye, professeur de législation comparée au Collége de France, donnait, en juillet 1848, au général Cavaignac, alors chef du pouvoir exécutif.

Il lui écrivait :

« Les questions qui nous partagent aujourd'hui sont les questions mêmes qui divisèrent les fondateurs de la République américaine : la déclaration des droits, l'indépendance du pouvoir exécutif, le maintien du pouvoir législatif dans ces bornes hors desquelles il dégénère en insupportable tyrannie. Les solutions de Washington, adoptées par ses contemporains, ont fait la grandeur de l'Amérique ; le temps a prononcé pour elles et leur a donné son irrésistible sanction. Ce sont cependant ces solutions que repoussent aujourd'hui nos constituants, dédaignant une voie sûre et frayée, pour mener la France vers un abîme où restera sa liberté.

» EDOUARD LABOULAYE. »

Conseil, malheureusement, demeuré infructueux!

C'est la même pensée qui a dicté les huit lettres signées : « *Le Bonhomme Franklin*, » et dont cet écrit est la suite.

En même temps qu'elles donneraient à Paris la sécurité, qui serait la porte par laquelle sortiraient les membres de la Commune pour faire place à deux Assemblées locales en possession d'une puissance législative *subordonnée*, mais effective, .'adoption de ce conseil et la réalisation de cette idée offriraient à Versailles la possibilité, sous le nom de Congrès, de rétablir deux Chambres, qui ne seraient pas contraintes, celle-ci, — par la force des choses et la nécessité d'une centralisation exagérée, — de siéger à Paris, et conséquemment pourraient, si elles le préféraient, établir le lieu de leurs séances soit à Versailles, soit à Fontainebleau, soit à Orléans, soit à Tours, soit à Bourges ou ailleurs.

Lorsqu'on a lu le discours prononcé par M. Thiers le 5 juillet 1848 et qu'on sait l'importance considérable qu'attachent, à la possession de deux Chambres législatives, le chef du pouvoir exé- cutif de la République française et la majorité de l'Assemblée nationale, laquelle est antirépublicaine par origine, par tradition, par mandat, par essence, on est fondé à dire que le Compromis du Bonhomme Franklin ferait à Versailles une part qui ne serait pas moindre que celle faite à Paris.

Nul doute que s'ils étaient consultés par voie de plébiscite, les départements ne votassent en grande majorité la nouvelle division territoriale, qui, indépendamment du Congrès fédéral, composé du Sénat et de la Chambre des représentants, aurait pour objet et pour effet de donner : à Rouen un Sénat et une Chambre des députés, à Lille un Sénat et une Chambre des députés, à Lyon un Sénat et une Chambre des députés, à Marseille un Sénat et une Chambre des députés, à Toulouse un Sénat et une Chambre des députés, à Bordeaux un Sénat et une Chambre des députés, à Tours un Sénat et une Chambre des députés, etc., etc., car ce serait la liberté faisant refluer la vie dans toute la France.

II

NI RÉVOLUTION, NI RÉACTION, NI ABJECTION

6 mai 1871

Lorsque tant de propositions de conciliation ont été déjà ten- tées, sans qu'aucune d'elles ait été mieux accueillie à Versailles par le ministère du 19 février qu'à Paris par la Commune du 18 mars, aurais-je l'espérance ingénue et l'orgueilleuse prétention de croire que je réussirai là où ont échoué tous les autres ?

Cette prétention, je ne l'ai pas.

Je n'ai pas de but, car ce n'est pas en avoir un que de remplir, coûte que coûte, ce que l'on croit être un devoir pour l'unique satisfaction de se dire intérieurement à soi-même : je l'ai rempli.

Dans la douloureuse et suprême épreuve que nous traversons, nul, à moins que son cœur, hermétiquement fermé au patriotisme, soit uniquement ouvert à l'égoïsme, ne saurait rester indifférent à la vue de tous ces flots de sang versé, de tous ces cadavres enterrés sans cercueil, de tous ces mutilés de la guerre civile qui reviennent avec une jambe emportée par un boulet ou un bras fracassé par un éclat d'obus, de tous ces désastres amoncelés, de toutes ces familles en deuil. Comment rester insensible au bruit strident de toutes ces mitrailleuses qui, de cette vieille hyperbole : « moisson des hommes, » ont fait la plus épouvantable réalité !

O génie humain ! qui t'es élevé à la hauteur de divinité créatrice en imaginant un si grand nombre de machines bienfaisantes, n'en avais-tu donc plus aucune d'utile à inventer ou à perfectionner, que tu as fait servir avec ardeur tous les progrès de la science et de l'industrie, à l'exécution la plus parfaite et la plus accélérée de ces innombrables machines à détruire !

Si la machine à vapeur, si les appareils de la télégraphie électrique ont été la gloire de ce siècle, la mitrailleuse, le fusil à magasin, le fusil à tir rapide et à incommensurable distance en seront la honte, car l'homme ne se bat plus contre l'homme, il se bat contre l'invisible. Il subit la mort, il ne l'affronte plus. Elle n'est plus un péril, elle est un supplice.

Lorsqu'il s'agit de deux peuples rivaux et de deux armées aguerries, si le cœur se révolte à ce spectacle barbare, comment ne saignerait-il pas lorsqu'il s'agit de fils exposés à tuer leur père sans le voir, de frères contraints à se battre contre leurs frères ?

En relisant l'histoire du long avortement de la République en France, comparée à l'histoire de l'heureux établissement de la République aux Etats-Unis, la question suivante s'est naturellement présentée à mon esprit : Pourquoi, non sans avoir eu des résistances à vaincre, pourquoi, du premier coup, les Américains ont-ils réussi à fonder la République, et pourquoi, à deux reprises, en 1792 et en 1848, les Français ont-ils échoué et sont-ils, en 1871, sur le point d'échouer une troisième fois ?

La réponse à cette question, je l'ai trouvée dans la lettre prophétique écrite en juillet 1848 au général Cavaignac par M. Édouard

Laboulaye et dans son *Histoire politique des Etats-Unis;* dans *la Démocratie en Amérique,* par M. Alexis de Tocqueville, que j'ai relue plus attentivement; dans l'*Histoire de Washington,* par M. Cornélis de Witt, et dans la préface de M. Guizot; dans les quatre volumes de la *Correspondonce de Washington;* dans l'*Histoire de Jefferson;* dans le remarquable écrit de M. Ernest Desmarest, ex-bâtonnier du barreau de Paris, intitulé : *les Etats provinciaux;* dans la lettre de M. James Fazy, ancien membre de la Diète constituante de la Confédération suisse, adressée au Peuple espagnol et insérée dans le *Siécle* des 25 et 26 janvier 1869; dans les discours prononcés en 1848, à l'époque où l'Assemblée constituante était en travail de la Constitution du 4 novembre, qui a vécu si mal et si peu, notamment dans ceux de MM. Thiers et de Tocqueville, combattant à outrance l'idée d'une Chambre unique et insistant pour deux Chambres législatives.

Aussitôt que ma conviction se fut formée par quinze jours de lecture et de méditation, dans la retraite la plus profonde, je ne me suis pas demandé quel accueil l'Assemblée de Versailles et la Commune de Paris feraient à mon idée adoptive; il suffisait qu'elle me parût juste pour qu'elle m'obligeât. Comme le corps de l'homme, son esprit a ses lois plus fortes que sa volonté. Quand une idée est en lui ou qu'il se l'est légitimement appropriée par l'étude, qu'il le veuille ou qu'il ne le veuille pas, il faut qu'il la mette au monde; elle l'emporte sur toutes les considérations, et la combattre ne sert qu'à l'affermir. L'idée est le fruit dont l'homme est l'arbre. Je me suis dit que, puisque M. Thiers, chef du pouvoir exécutif de la République française était dominé par la conviction profonde qu'aucun gouvernement ne serait durable en France s'il n'avait pour double pivot deux Assemblées, cette conviction pouvait devenir le terrain d'une conciliation sans concession entre l'Assemblée de Versailles et la Commune de Paris, puisque, pour donner satisfaction à l'Assemblée de Versailles désirant deux Chambres et à la Commune de Paris aspirant à la souveraineté d'Etat fédéré, il suffirait que la République française écoûtât les conseils de la raison et qu'elle adoptât les bases de la Constitution de la République américaine.

Quelles sont ces bases?

Congrès fédéral composé de deux Assemblées;

Sénat élu pour *six* ans ;

Chambre des représentants élue pour *deux* ans ;

Président de la République élu pour *quatre* ans ;

Ministres n'ayant pas entrée au Congrès ;

Souveraineté subordonnée et représentation locale des Etats, chaque Etat ayant ses deux Assemblées avec puissance législative restreinte, mais non fictive ;

Justice indépendante de l'Etat ;

Séparation de l'État et des Églises ;

Entière liberté de l'enseignement ;

Milice élisant ses officiers.

Croit-on qu'un tel programme, s'il eût été agréé par l'Assemblée de Versailles, n'eût pas été acclamé par la population de Paris, qui eût renversé la Commune si celle-ci ne se fût pas empressée de l'accepter ?

Pour passer sûrement de la rive d'un large fleuve à l'autre rive, que faut-il ?

— Un pont.

La nomination d'une seconde Assemblée, — que l'on pourrait nommer la Chambre des Etats, si on ne voulait pas lui donner le nom de Sénat, — serait ce pont entre l'Assemblée de Versailles et la Commune de Paris.

Ne vaudrait-il pas mieux se mettre à l'œuvre d'une nouvelle Constitution antirévolutionnaire et antiréactionnaire, que de se canonner et de se mitrailler à la grande joie des Prussiens et à la honte de la France ?

M. Thiers n'est pas du nombre de ces hommes, infiniment trop communs dans tous les partis, qui, voulant la fin, ne veulent pas les moyens ; il n'est pas admissible qu'il ait attaché son nom en 1871 à la fondation de la République française pour assister à son éboulement.

Auteur de l'histoire de la Révolution de 1789, dont la Révolution de 1848 et la Révolution de 1871 ne sont que la continuation, il a dû réfléchir mûrement et sur les causes qui ont entraîné à deux reprises, en France, la chute de la République, et sur les causes qui font que, tombant toujours, elle se relève toujours, ce qui est incontestable, puisque c'est elle qui, présentement, est encore debout, faisant tête à trois dynasties.

Si la République, qui a contre elle, en France, quatorze siècles de royauté, est instable, la Monarchie, qui a ces quatorze siècles pour elle, ne l'est pas moins. 1789, 1830, 1848 et 1870 sont là pour l'attester.

En doit-on conclure que la France est ingouvernable?

C'est ce qu'on a dit de l'Angleterre c'est ce qu'on a dit des États-Unis (1) avant que ces deux grands pays eussent trouvé la forme de gouvernement qui leur était propre et l'eussent mise en parfaite concordance avec leurs usages et leurs mœurs.

Je suis en présence de ces trois hypothèses :

Premièrement, la Commune de Paris, retranchée derrière ses remparts, retranchée derrière ses barricades, retranchée derrière ses décrets de salut public, et perpétuant la lutte contre l'Assemblée de Versailles : c'est la ruine de la France.

Deuxièmement, l'Assemblée finissant par vaincre les résistances de la Commune de Paris, soit par le feu, soit par la faim : c'est le triomphe de la Réaction.

Troisièmement, à défaut de l'Assemblée de Versailles, — reculant devant l'emploi de moyens qui, pour frapper cent mille combattants, atteindrait quinze cent mille habitants, femmes, enfants et vieillards, — l'armée prussienne reprenant, faute d'exécution ponctuelle des engagements contractés, son œuvre impitoyable d'investissement interrompu par la capitulation du 28 janvier dernier, et, dans ce cas, nous imposant un gouvernement de son choix: ce serait l'abjection.

Hypothèses toutes trois accablantes : Révolution, réaction, abjection !

Comment y échapper?

C'est la pensée fixe qui, jour et nuit, tenant mon esprit assiégé, m'a remis l'arme aux mains. Aux jours de combat chacun se sert de l'arme qu'il s'est exercé à manier. Mon arme, c'est ma plume ; ma patrie, c'est la liberté. Elle est menacée de toutes parts ; j'accours la défendre.

Or, je n'aperçois pas d'autre issue pour la sauver que celle qui lui est ouverte par le double exemple de l'Union américaine et de la Confédération germanique.

---

(1) « *Que vont dire les hommes qui prétendaient que nous étions hors d'état de nous gouverner nous-mêmes?* Ils verront que le républicanisme n'est point le fantôme d'une imagination malade. Au contraire, sous aucune forme de gouvernement, les lois ne sont mieux défendues, la liberté et la propriété mieux assurées et le bonheur plus efficacement dispensé à l'humanité. » WASHINGTON.

En le suivant, judicieusement mais résolûment, l'on rompt avec la vieille tradition révolutionnaire française pour inaugurer la grande tradition démocratique américaine et suisse ; l'on éteint le foyer révolutionnaire, mais pour allumer toutes les branches, sans en excepter une seule, du flambeau libéral ; l'on rend également impossible, par ses deux extrémités, toute oppression du haut sur le bas ou du bas sur le haut ; aucune usurpation n'est plus à craindre sous aucun nom, sous aucun masque ; tout antagonisme entre Paris et la Province, entre l'électeur des villes et l'électeur des campagnes se tempère de lui-même, n'ayant plus rien qui le surexcite ; toutes les réformes promises et toujours ajournées peuvent, à des échelles réduites, être essayées sans péril et sans témérité ; enfin, un rôle tout nouveau peut refaire à la France un avenir qui la console de son triste présent et cicatrise ses cruelles blessures de 1870 et 1871.

Mais quand je parle ainsi, que le lecteur ne se hâte pas de supposer que je me berce dans les illusions !

Pour en avoir aucune, je connais trop exactement la profondeur des deux courants impétueux qui se précipitent en sens contraires contre la raison publique et la couvrent de leur écume :

L'un, l'esprit de révolution ;

L'autre, l'esprit de réaction.

Que ce soit l'un ou que ce soit l'autre qui l'emporte, que ce soit la Commune de Paris ou que ce soit l'Assemblée de Versailles, si c'est la révolution, qui l'arrêtera ? si c'est la réaction, qui la contiendra ?

C'est parce qu'en toutes circonstances l'excès m'a toujours trouvé m'efforçant de lui faire contrepoids que, n'apercevant plus de contrepoids que dans la solution américaine et helvétique, je l'ai patriotiquement adoptée.

Ce n'est pas la solution d'un homme ; c'est la solution de deux peuples.

III

BICAMÉRISTES ET FÉDÉRALISTES

6 mai 1871.

Proclamée aux Etats-Unis, la République ne s'y est pas établie sans résistances et sans difficultés, mais elle a triomphé de toutes, d'où vient que, proclamée en France le 22 septembre 1792, proclamée, acclamée, votée à l'unanimité (1) le 24 février 1848, elle n'ait pu y prendre racine et que, proclamée de nouveau le 4 septembre 1870, elle paraisse menacée du même sort que celui sous lequel, à deux reprises, elle a déjà succombé?

Si le suffrage universel et l'hérédité monarchique sont logiquement incompatibles, la forme républicaine et la centralisation française ne le sont-elles pas également?

Telle est la question qui s'impose à tous les esprits sérieux : celle de savoir si le maintien de la République en France est possible sans les deux contrepoids d'une fédération d'Etats et d'une seconde Chambre législative, se nommant Sénat ou se nommant Chambre des Etats?

Je suppose que la lumière soit faite sur ce point; je suppose qu'il soit pleinement démontré :

Premièrement, que la coexistence de l'hérédité monarchique et du suffrage universel est logiquement impossible;

Deuxièmement, que la République en France ne saurait s'y maintenir qu'en renonçant au centralisme et qu'en s'appuyant sur une seconde Chambre; en d'autres termes, qu'en se ralliant d'une part à l'opinion fédéraliste de MM. Laboulaye et Desmarest, et d'autre part à l'opinion bicamériste de M. Thiers et Alexis de Tocqueville ;

Dans ce cas, oui ou non, deux nécessités à la fois impérieuses et conciliables se trouvant ainsi en présence, est-ce que la conséquence ne serait pas qu'il y a un vaste terrain de conciliation sur lequel l'Assemblée de Versailles et la Commune de Paris pour-

(1) 777 contre 00.

raient se placer sans se heurter, sans se blesser. sans s'abaisser, en nommant, la première trois commissaires bicaméristes, et la seconde trois commissaires fédéralistes, lesquels. en cas de partage des voix, tireraient au sort le nom d'un membre de l'Académie des sciences ?

IV

DES MOTS MALHEUREUX

7 mai 1871.

Il y a des mots malheureux.

De ce nombre ont été ceux-ci, employés le 4 septembre 1870 : « *Le gouvernement de la défense nationale.* »

Si le dimanche matin, 4 septembre 1870, les députés assermentés de Paris, qui tous, à l'exception de M. Thiers, ont déserté le drapeau du suffrage universel, — M. Jules Favre et M. Gambetta en tête, — pour passer sous le drapeau de l'émeute parisienne, s'étaient bornés, ainsi que la logique le leur prescrivait, à faire revivre la Constitution du 4 novembre 1848, nuitamment étouffée le 2 décembre 1851, et à biffer ce titre : l'*Empire français*, pour le remplacer par celui-ci : la *République française*, il en eût coûté à la France d'abord les quatre milliards de moins qu'eussent éxigé les vainqueurs de Sedan, puis les trois ou quatre milliards de dépenses et de désastres qui eussent été épargnés.

Ne s'appelant pas le *Gouvernement de la défense nationale*, mais s'appelant franchement et simplement la *République française*, le premier acte des Douze (1) eût été, dès le dimanche soir ou le lundi matin, de dépêcher l'un d'eux au quartier général prussien pour y proposer un armistice, afin de dégager l'honneur de la France et la responsabilité de la République, en portant au débit du compte de l'Empire et de son impéritie, l'écrasante part qui lui incombait exclusivement dans les défaites accumulées de Wissembourg, Reichschoffen, Rezonville, Gravelotte, etc., et

(1) Emmanuel Arago   Gambetta   Ernest Picard
    Crémieux   Garnier-Pagès   Henri Rochefort
    Jules Favre   Glais-Bizoin   Jules Simon
    Jules Ferry   Eugène Pelletan   Général Trochu.

dans les désastres de la capitulation de Sedan. M. Jules Favre n'eût pas écrit précipitamment sa désastreuse circulaire du 6 septembre (1), par laquelle il engageait irrévocablement la France et se liait imprudemment les mains pour aboutir... à la capitulation du 28 février et à l'abandon de Strasbourg et de Metz.

Lorsqu'on a pris un titre qui engage, on veut absolument le justifier. S'il est faux, tout ce que l'on fera pour y rester fidéle sera faux.

C'est ainsi qu'on est fondé à dire que MM. Arago, Crémieux, Favre, Ferry, Gambetta, Garnier-Pagès, Glais-Bizoin. Picard, Rochefort et Simon ont coûté à la France en cinq mois six à sept milliards au moins, et peut-être plus.

D'autres mots malheureux ont été les suivants, employés le 18 mars 1871 : « *Les franchises municipales de Paris*, » car ces mots n'exprimaient pas la véritable pensée des directeurs du mouvement, qui s'est traduit par la sanglante et désastreuse guerre civile qui dure depuis le 2 avril.

J'ai sous les yeux la proclamation du Comité central, portant la date du 28 mars 1871, et le décret de la Commune de Paris, portant la date du 29 mars suivant.

Que dit la proclamation du 20 mars, dégagée de toute phraséologie?

Elle déclare textuellement que Paris demande :

1° L'élection de la mairie de Paris ;

2° L'élection des maires, adjoints et conseillers municipaux des vingt arrondissements de la ville de Paris ;

3° L'élection de tous les chefs de la garde nationale, depuis le premier jusqu'au dernier.

---

(1) « Nous ne céderons ni un pouce de notre territoire ni une pierre de nos forteresses.

» Une paix honteuse serait une guerre d'extermination à courte échéance.

» Nous ne traiterons que pour une paix honorable.

» Fussions-nous seuls, nous ne faiblirons pas.

» Après les forts, les remparts ; après les remparts, les barricades. Paris peut tenir trois mois et vaincre ; s'il succombait, la France, debout à son appel, le vengerait ; elle continuerait la lutte et l'agresseur y périrait.

» Le 6 septembre 1870.

» *Le ministre des affaires étrangères,*

» JULES FAVRE. »

Que porte le décret du 29 mars?

Il porte ce qui suit :

La conscription est abolie;

Aucune force militaire autre que la garde nationale ne pourra être créée ou introduite dans Paris ;

Tous les citoyens valides font partie de la garde nationale.

Traduction fidèle de cette proclamation et de ce décret :

Les générations successives de conspirateurs, d'apôtres, de martyrs qui, sous la Monarchie constitutionnelle de 1830, sous l'Empire plébiscitaire de 1852, ont constamment mis toutes leurs espérances dans l'établissement définitif de la République, n'ayant de foi qu'en elle pour la réalisation des réformes radicales, au triomphe desquelles ils ont voué leur liberté et leur vie, n'ont absolument aucune confiance dans les sentiments de l'Assemblée nationale de Bordeaux-Versailles, laquelle, de son côté, soit dit en passant, n'en a pas davantage en eux. Ils sont persuadés que la majorité de l'Assemblée n'attend qu'une occasion propice, qu'un prétexte plausible pour rétablir une Monarchie quelconque. Aussi leur véritable pensée est-elle condensée dans l'interdiction absolue de Paris à toute force militaire autre que la garde nationale.

Mais alors, pourquoi ne l'avoir pas dite en toute franchise? Pourquoi un détour? Pourquoi un masque?

Le débat se fût alors nettement établi entre la République, qui eût été la conservation, et la Monarchie, qui eût été la révolution. Des deux côtés, l'on eût su parfaitement à quoi s'en tenir, et chacun eût pu choisir son drapeau en parfaite connaissance de cause. Le 1er décembre 1851, quelle était la forme de gouvernement qui avait été proclamée à l'unanimité par l'Assemblée constituante du 5 mai 1848? C'était la République. Le 4 septembre 1870, l'Empire ayant été emporté par un flot de la rue, quelle était logiquement et légitimement la forme de gouvernement qui revenait d'elle-même? N'était-ce pas celle que le coup d'Etat avait bannie? Donc, sur ce terrain, tout l'avantage eût été du côté de Paris s'il se fût borné à demander catégoriquement à l'Assemblée de Versailles des garanties, non-seulement en faveur du maintien de la République, mais encore contre le retour de toute réaction analogue à celle de 1849 et de 1850.

Que cette double et coûteuse leçon nous apprenne à nous garder désormais des mots malheureux !

V

DÉCENTRALISATION ET FÉDÉRATION

8 mai 1871.

L'Assemblée de Versailles a nommé une commission de décentralisation, qui est présidée par M. Moulin.

Après s'être posée la question de savoir si elle abandonnerait la division territoriale de 1790, en *départements*, pour revenir à la division de 1789, en *provinces*, la commission a conclu au maintien de la division départementale, sauf à déléguer l'administration du département à une commission de six membres élus par le conseil général, cette commission ne tenant qu'une seule session par an et le préfet, nommé par le pouvoir central, y ayant voix délibérative. C'est le système belge que l'on a proposé de modifier ainsi qu'il suit : commission administrative élue par le conseil général, mais se réunissant aussi souvent qu'elle le jugerait utile ; le préfet ayant le droit d'y assister, mais n'y ayant pas voix délibérative.

Cette conclusion donne la mesure de l'esprit étroit et timide qui préside au travail de décentralisation, entrepris par l'Assemblée de Versailles.

Ce travail sera un avortement de plus que comptera la longue histoire des avortements politiques et administratifs de ce pays qui se nomme la France, de ce pays où l'on croit fermement que la sagesse consiste à tout faire à demi.

Tel n'a jamais été, tel est moins que jamais mon avis.

Je pense ce que pensait l'Assemblée constituante de 1789, lorsqu'elle disait dans son adresse de février 1790 :

C'est en attaquant, en renversant tous les abus à la fois qu'on peut espérer de s'en voir délivré sans retour. Alors chacun se trouve intéressé à l'établissement de l'ordre. *Les réformes lentes et partielles ont fini par ne rien réformer.* L'abus que l'on conserve devient l'appui et le restaurateur de tous ceux que l'on croyait détruits.

Les quatre-vingts années qui se sont écoulées, de 1790 à 1870, sont là pour attester la stricte vérité des paroles que je viens de rapporter.

De 1834 à 1848, député du département de la Creuse, j'ai fait partie de son conseil général pendant plusieurs années. Je sais donc parfaitement à quoi m'en tenir sur les attributions d'un conseil général.

Il vote les centimes qu'il ne peut se dispenser de voter ;

Il procède au récollement du mobilier de la préfecture ;

Il émet des vœux qui n'ont d'autre sort que celui d'être, chaque année, imprimés in-4° à deux colonnes, sans que personne les lise, si ce n'est le correcteur, et encore n'est-ce pas certain.

Le grand effort de la puissance des conseils généraux consiste à obtenir de l'Etat tuteur qu'il veuille bien autoriser le departement pupille à emprunter.

Aussi la besogne d'un conseil général est-elle promptement expédiée.

Quatre ou cinq jours y suffisent amplement.

Avant que Paris eût arboré, le 18 mars 1871, le drapeau de l'Indépendance sur son monticule armé de canons; avant qu'il eût déployé toutes ses lignes de gardes nationaux et occupé les hôtels et les bureaux de toutes les grandes administrations centrales, il y avait en présence deux systèmes radicaux et rivaux :

Premièrement, *le système de la fédération*, au moyen d'Etats, ayant leur représentation locale et leur souveraineté subordonnée;

Deuxièmement, le *système de la décentralisation*, au moyen de la Commune élevée à sa plus haute puissance.

Dans l'un comme dans l'autre de ces deux systèmes, départements et arrondissements, préfets et sous- préfets, n'ayant plus de raison de subsister, disparaissaient.

Le premier de ces deux systèmes est celui qui existe aux Etats-Unis et en Suisse; il a pour lui la consécration de l'expérience et du succès. Il multiplie les centres, les anime, forme des ora teurs et des hommes politiques qu'appelle à lui le Congrès fédéral, composé du Sénat, — qui serait plus justement appelé Chambre des Etats, — et de la Chambre des représentants.

Le second de ces deux systèmes, — c'était le mien, — aurait contre lui sa nouveauté et sa non-expérimentation. Il supprimait, entre l'Etat et la Commune, tous les rouages intermédiaires. Le titre de Commune était exclusivement attribué aux chefs-lieux de cantons; les Communes actuelles prenaient le nom de Sections. La Commune, à ses périls et ris ques, s'administrait elle-même en toute indépendance. Il n'y avait plus d'édifices départementaux ; il n'y avait plus que des édifices communaux, tous à la charge comme au profit de la Commune. Présentement, le *principal* de l'impôt est perçu par l'Etat ; la Commune est tenue de se contenter des centimes qui lui sont attribués. La plupart des dépenses, centralisées à tort, étant décentralisées, c'était le contraire qui avait lieu ; à la Commune revenait le principal, à l'Etat les centimes. Le grand-livre de la dette publique inscrite se fermait ; le grand-livre de la dette communale inscrite s'ouvrait (1). Cette décentralisation radicale s'opérait par un moyen très simple ; elle s'opérait par la centralisation de la voie publique, formant une grande direction centrale analogue à celle des postes et à celle des télégraphes, et tenant en mains le réseau de toutes les routes nationales, de toutes les routes départementales, de tous les chemins de grande et de petite communication. enfin de tous les chemins vicinaux classés (2). Je demandais ainsi au régime communal tous les avantages que les Etats-Unis ont demandé au régime fédératif.

Aussi résolûment pratiquée, cette décentralisation n'eût pas tardé à devenir une abondante pépinière d'administrateurs pleinement exercés, en qualité de maires et d'adjoints, à l'art de défendre leurs actes par la parole ; car. réduits à trois mille environ, les trente-sept mille conseils municipaux actuels (3) fussent deve-

(1) Le condamné du 6 mars. — *Questions de l'année 1867*, pages 129 et suivantes. — *Le grand-livre de la dette inscrite communale.*

(2) La voix dans le désert. — *Questions de l'année 1868*, pages 464 et suivantes. — *L'achèvement des chemins vicinaux.*

(3) Il y a en France 35,819 communes, ce qui ne donne pas une moyenne de 1,000 habitants par commune; 15,937 communes n'arrivent pas au chiffre de 500 habitants.

J. Simon, t. II. La Liberté.

En Suisse, la commune, élément constitutif du canton, se compose d'un pouvoir législatif qu'on appelle *conseil général*, et d'un pouvoir exécutif qui prend le nom de *conseil administratif.*

Le canton, groupe de communes, a le pouvoir législatif que l'on appelle *grand conseil*, et son pouvoir exécutif appelé *conseil d'Etat.*

Enfin, la confédération, groupe du canton, a son pouvoir législatif que l'on appelle *Assemblée fédérale*, et qui se compose de deux Chambres, et son pouvoir exécutif connu sous le nom de *conseil fédéral.*

La commune est souveraine chez elle et a ses lois.

Le canton est souverain et a ses lois.

L'Assemblée fédérale ne peut faire des lois qu'en ce qui touche les relations des cantons entre eux, de même que le pouvoir législatif cantonnal n'a pas le droit d'intervenir dans la législation intérieure de la commune.

nus de véritables assemblées communales discutant, délibérant, votant sous le double contrôle de la publicité des séances et de la presse locale. C'eût été assurément une nouvelle France !

Si j'ai écarté l'idée de la décentralisation telle que je l'avais comprise et formulée, si je l'ai écartée pour me rallier à l'idée de la fédération telle que je l'ai trouvée décrite dans les livres que j'ai cités, c'est que la réforme qui souvent suffisait la veille, souvent ne suffit plus le lendemain.

L'abolition du recrutement obligatoire décrétée par la Commune de Paris, et plus encore les foudroyantes victoires, sans mélange de revers, remportées sur nous par la Prusse, grâce à la constitution de son armée, qui fait de tout Prussien valide, âgé de vingt à quarante-cinq ans, un soldat aguerri : ce sont là deux faits considérables dont il serait insensé de ne pas tenir compte.

Assemblée de Versailles, désarmerez-vous la population de Paris ?

Si vous la désarmez, que devient la réforme militaire ? Si vous ne la désarmez pas, comment vous y prendrez-vous pour empêcher une nouvelle révolution du 29 juillet 1830, du 24 février 1848, du 4 septembre 1870, d'imposer ses lois et ses agents à toute la France ?

Les Etats-Unis n'ont pas d'armée permanente et ils sont une République fédérale composée de trente-sept Etats, c'est ce qui y rend impossible toute usurpation, sous aucune forme.

La logique est absolue, mais elle n'est pas exclusive, puisqu'elle admet toutes les propositions ; ce qu'elle n'admet point, ce sont les conséquences qui n'en découlent pas, à plus forte raison qui leur sont contraires.

Que veut l'Assemblée de Versailles ?

Si elle veut garder une armée considérable et n'avoir plus de révolution intermittente qui place la France sous la dépendance de Paris, l'Assemblée de Versailles n'a qu'une seule chose à faire, c'est de se rallier à l'idée fédérative et d'instituer la République fédérale comme aux Etats-Unis et comme en Suisse.

L'Assemblée de Versailles replacerait sur le trône, soit Henri V, soit Louis-Philippe II, soit Napoléon III, soit son fils Napoléon IV, que la question liée d'armée faisant passer sous ses drapeaux tous les Français valides et de révolution expectante, demeurerait toujours suspendue au-dessus de nos têtes.

Sous le nom de royauté, ce serait plus que jamais l'instabilité.

C'est parce que je veux la stabilité, sans laquelle il n'y a ni liberté, ni sécurité, ni prospérité, que j'ai passé du camp de la décentralisation dans le camp de la fédération, du camp de la Commune dans le camp des Etats.

VI

E PLURIBUS UNUM

10 mai 1871.

La devise de l'Union américaine est, en trois mots, la réponse la plus péremptoire aux centralistes qui prétendent que le triomphe de l'opinion des fédéralistes serait le démembrement et l'anéantissement de la France.

Est-ce que dans toutes les questions où les Etats-Unis ont été appelés par une circonstance quelconque à faire acte de puissance, soit à l'égard de la France, soit à l'égard de l'Angleterre, l'unité leur a jamais fait défaut? Est-ce qu'ils n'ont pas agi comme *un* quoique *plusieurs*?

En 1834, lors du règlement de l'indemnité réclamée par eux, et en 1866, lors de la prolongation démesurée de notre occupation au Mexique, laquelle, en ces deux graves circonstances, a le plus brillé de l'Unité française où de l'Union républicaine? Laquelle a finalement payé les vingt-cinq millions contestés? Laquelle a humblement évacué le territoire mexicain?

Mais ce qui me reste à dire en faveur du fédéralisme, auquel je me suis rallié contre le centralisme, qui continue de m'attaquer à outrance, est plus décisif que ce qui précède.

C'était déjà un fait très grave que la perte, en 1814 et en 1815, de nos frontières républicaines de 1801, ainsi que l'ont attesté si douloureusement, en 1870, la facilité et la rapidité avec lesquelles l'armée prussienne a pu venir, en quelques jours, camper sous les murs de Paris ; mais ce fait est encore considérablement aggravé par la perte de Strasbourg et de Metz qui, hélas! vont passer de nos mains dans celles du nouvel empereur d'Allemagne.

Il ne faut pas que notre vanité nationale s'abuse et nous égare !

A moins qu'il ne naisse ou qu'il ne se révèle parmi nous un homme d'État de génie — homme de guerre ou homme de paix, un comte de Bismark ou un comte de Cavour,—la parole et l'épée de la France ne pèseront plus dans les balances de l'Europe qu'un poids très affaibli. Si nous sommes judicieux, ce sera à l'isolement et au recueillement que nous demanderons de nous relever de notre abaissement. Les gouvernements qui ont impassiblement assisté à notre chute ne reviendront à nous que si nous demeurons systématiquement étrangers aux questions étrangères. Plus nous affecterons de nous faire petits et plus ils seront empressés de nier que nous le soyons.

Il y a toute une situation nouvelle à prendre et à garder : c'est celle de grande nation expérimentale de ceux des grands problèmes sociaux dont la solution est mûre ou près de l'être. Cette situation, si nous la prenions avec discernement, ne tarderait pas à attirer sur nous d'abord les regards, puis les sympathies de tous les peuples, à commencer par le peuple allemand, qui va du fédéralisme au centralisme, tandis que nous proposons à la France d'aller du centralisme au fédéralisme.

Il n'est ni improbable ni impossible que l'Allemagne, sous l'assujettissement du militarisme prussien, ne se prenne à regretter très vivement et très hautement le temps où elle était moins *une*, mais où elle était plus libre. Au fond de sa vigilante pensée, qui jamais ne sommeille, ce que doit craindre M. de Bismark, ce n'est pas que nous nous consumions en efforts pour essayer de redevenir une grande puissance militaire, mais c'est que nous réussissions à être une grande puissance pacifique, et par ce dernier mot, il faut entendre une puissance qui ose prendre résolûment la tête de toutes les réformes sociales, politiques, administratives, économiques, financières, fiscales, et ne craigne pas de descendre au fond de questions dont il est peut-être téméraire de dire qu'elles sont insolubles, uniquement parce qu'on ne les a pas encore résolues.

La civilisation est une chaîne qui a pour anneaux tous les progrès. Ainsi, en 1840, lorsque M. Thiers a fait voter par les Chambres la construction du mur d'enceinte de Paris, prévoyait-on, à cette époque, que le perfectionnement de la fabrication de l'acier permettrait de faire des engins de guerre à si longue et si puissante portée qu'ils rendraient inutile cette enceinte ?

Ce que l'extinction de toute émulation entre Paris et la province, ce que le centralisme a fait des Français comparés à ce que

le fédéralisme a fait des Allemands, nous venons de l'apprendre,
on sait à quel prix ; au prix de la perte de l'Alsace et de la Lorraine, au prix d'une rançon de cinq milliards, au prix de désastres inévaluables, au prix enfin de la chute de notre prestige dans
toutes les parties du monde où notre drapeau et notre pavillon
n'étaient salués qu'avec respect, crainte ou reconnaissance.

Quand on a sous les yeux cette comparaison si concluante,
comment peut-on hésiter encore entre la République centraliste et
la République fédérale, celle-ci s'offrant comme moyen de mettre
immédiatement fin à une guerre civile, qui nous mène droit à l'a-
bîme, aussi bien par la pente de la réaction que par la pente de la
révolution ?

Si la liberté peut seule nous sauver et s'il n'y a, avec la République prématurée et le suffrage universel, de liberté durable que
celle garantie par le régime fédératif, finissons-en au plus vite
avec les lieux-communs sur cette vieille Unité française qui date
d'hier !

Ouvrons une ère nouvelle qui ne soit pas ternie par nos fautes
et nos désastres ! Soyons l'Union française ! Qui sait ? Il se peut
que ce soit la première pierre posée de l'Union européenne et de
la grande et large politique intercontinentale, succédant à la
petite et étroite politique internationale.

En tout cas, et au pis aller, parce que nous serons *plusieurs*
dans *un*, est-ce que nous serons un Français de moins ?

VII

UN POUR TOUS ET TOUS POUR UN

11 mai 1871.

Après la devise de l'Union américaine : *E pluribus unum.*
c'est le tour de la devise de la Confédération helvétique : *Un
pour tous et tous pour un.*

C'est la même pensée exprimée en d'autres termes.

Lorsqu'elle a pour lien la sincérité du patriotisme, où donc est
la différence entre l'Union et l'Unité, si ce n'est que l'Unité c'est

tout au moins la tutelle, quand ce n'est pas le despotisme ou la terreur, tandis que l'Union c'est la liberté stimulée par l'émulation?

M'objectera-t-on l'Angleterre? Mais l'Angleterre se nomme le Royaume-Uni, et il n'y a pas longtemps que l'Irlande avait encore son Parlement distinct. D'ailleurs, en Angleterre, l'esprit de centralisme n'existe pas; donc il n'y a aucune parité à établir entre la France et la Grande-Bretagne, quoique les deux pays ne soient séparés que par un détroit, et qu'après avoir déjeuné à Paris on puisse dîner à Londres.

Je poursuis, car j'ai promis de ne laisser sans réponse aucune objection sérieuse, même spécieuse, qui serait faite à l'idée qui est entrée dans mon esprit le jour où il m'a paru qu'elle seule pouvait mettre fin à la guerre civile en mettant d'accord l'Assemblée de Versailles et la Commune de Paris, sans que ni l'une ni l'autre eussent aucun sacrifice à faire.

Paris veut être garanti contre le risque d'une restauration monarchique.

Versailles veut être garanti contre le risque d'une révolution terroriste.

Le moyen !

En est-il un autre que l'établissement de deux degrés dans la souveraineté?

Premier degré, — la souveraineté locale avec puissance législative subordonnée ;

Deuxième degré, — la souveraineté fédérale, avec puissance législative suzeraine.

Si cet autre moyen existe quelque part, que mes contradicteurs veuillent bien me l'indiquer !

Mais si toutes leurs recherches demeurent infructueuses et si leur imagination reste impuissante à rien enfanter, qu'ils me laissent m'enorgueillir de la modestie dont j'ai fait preuve en écartant l'idée qui m'appartenait pour adopter celle que MM. Laboulaye, Desmarest, Cernuschi ont empruntée à l'étude comparée de l'histoire.

§§

Le *Siècle* me reproche de copier servilement l'organisation des États-Unis. J'admettrais le reproche si la Constitution française du 3 septembre 1791 avait réussi, comme la Constitution américaine du 17 septembre 1787, à triompher de toutes les dificultés, de toutes les défiances, de toutes les résistances qui précédèrent et suivirent son avénement; j'admettrais ce reproche si notre second essai de République avait été plus heureux en 1848 qu'en 1792, et si notre troisième essai, datant du 4 septembre 1870, ne courait pas les plus grands périls.

Vu l'insuccès de ces trois mois de République centraliste, je prie M. Ténot de vouloir bien me dire quelle est la forme de République qu'il conçoit, qui n'étant pas fédérale, ne sollicite pas à l'usurpation sous la forme d'un nouveau 18 brumaire ou d'un nouveau 2 décembre. Dans la République-Ténot, qui aura le commandement de l'armée, et où sera la garantie que le chef de l'armée, surtout s'il a été victorieux, ne se servira pas de l'éclat et du prestige de son nom pour s'emparer d'abord de la dictature, et ensuite pour poser une couronne sur sa tête ? Quelle est, dans l'Amérique du Sud et ailleurs, la République centraliste dont la guerre civile et l'instabilité perpétuelle ne soient pas l'état normal ? Lorsqu'il s'agit dans un pays de substituer à une forme de gouvernement archi-séculaire une autre forme de gouvernement, je ne pense pas qu'il soit superflu d'avoir un modèle sous les yeux, sauf à le perfectionner s'il y a lieu.

M. Ténot s'abuserait étrangement s'il croyait qu'après la tuerie à laquelle nous assistons depuis quarante jours, la République centraliste s'établira en France.

S'il était possible que la Commune de Paris l'emportât, ce serait le triomphe de la République fédérale, et ce triomphe de la République fédérale serait désirable, puisque ce serait l'abandon de la vieille tradition conventionnaire.

Si, au contraire, c'est l'Assemblée de Versailles qui l'emporte, le débordement de la réaction sera tel, que tous les efforts de M. Thiers, assisté de M. Grévy, seront vains pour empêcher l'ivresse de la victoire de proclamer la déchéance de la République et le retour d'une Monarchie quelconque.

L'expérience a prononcé sur le système Grévy ; elle l'a condamné ; pour qu'il ait duré trois mois, il a fallu la situation exceptionnelle de M. Thiers et la haute et rare abnégation dont il a donné l'exemple et dont l'histoire lui tiendra compte.

A toutes choses, même aux réformes les plus justes, les plus judicieuses, les plus nécessaires, il y a des objections.

Contre l'importation en France de la forme républicaine fédé-
dérale telle qu'elle existe aux Etars-Unis et en Suisse. M. Ténot
objecte « qu'aux Etats-Unis et en Suisse, la République fédérale
» s'est formée par alliance entre Etats dont chacun avait son his-
» toire propre, ses lois spéciales, son gouvernement particulier. »
L'histoire à la main, je pourrais répondre à M. Ténot que la
France n'a pas été coulée d'un seul jet dans son moule actuel ;
qu'elle se compose d'une longue et lente réunion successive de duchés et de comtés ; que l'incorporation des duchés de Lorraine et
de Bar date seulement de 1766 ; qu'en 1789, il y avait quatorze
parlements ; que le royaume était divisé en *pays d'Etats* et en
pays d'élection; que les premiers avaient des droits dont ne jouis-
saient pas les seconds ; que des coutumes très diverses et des mesures très différentes variaient selon les provinces, etc., etc.; mais
cette réponse, trop facile, n'est pas celle que je ferai à M. Ténot;
je lui en ferai une autre sous la forme de question ; je lui deman-
derai si, lorsqu'il s'est agi, en 1792, en 1848 et en 1870, de ren-
verser la forme monarchique, dans un pays où la monarchie comptait quinze siècles de règne, pour y substituer la forme républicaine, les objections ont arrêté les républicains? Danton, cependant, avait dit : « Je ne crois pas à la durée de la République. Il
» faut plusieurs générations humaines pour passer d'une forme
» de gouvernement à une autre forme. Avant d'avoir une cité,
» ayez donc des citoyens. » Quel compte a-t-il été tenu de ces paroles ?

Du suffrage universel, qui existait aux Etats-Unis et en Suisse,
n'a-t-on pas dit, en 1847, à la tribune de la Chambre des députés,
que jamais son jour ne viendrait en France ?

« Aux Etats-Unis, l'Etat de Rhode-Island, dont la population
» n'atteint pas trois cent mille âmes, possède exactement les mê-
» mes droits que l'Etat de New-York, peuplé de cinq millions d'ha-
» bitants. Rhode-Island nomme deux sénateurs au Congrès, ab-
» solument comme New-York, et s'il faut élire le président de la
» République ou ratifier un amendement à la Constitution, le vote
» de Rhode-Island pèse dans la balance excatement le même
» poids que le vote de New-York. »

Cette objection est de M. Ténot; j'avoue qu'elle n'en est pas une
à mes yeux. Le nombre des représentants variant selon la population d'un Etat, d'un Canton, ou d'un Département, m'a toujours
paru une idée fausse et arriérée. Pourquoi un Etat, un Canton,
un Département, peu peuplé et pauvre, aurait-il moins de droits

qu'un Etat, un Canton ou un Département très peuplé et riche ?
Est-ce que, devant le suffrage universel, le pauvre et le riche, le
savant et l'ignorant ne sont pas égaux ? Est-ce que le bulletin du
pauvre et de l'ignorant pèse moins que le bulletin du riche et du
savant dans les balances du scrutin ?

« On ne saurait improviser, pour la satisfaction de la plus
» noble des théories, ce que le cours des âges n'a pas formé. »
Si ces paroles de M. Ténot sont vraies, elles le sont infiniment moins lorsqu'il s'agit, en France, de substituer la République fédérale à la République centraliste, laquelle date d'hier,
que de substituer la République à la Monarchie que « le cours
des âges a formée. » Cette considération, cependant, a-t-elle jamais retenu M. Ténot et ceux des républicains de ses amis qui
l'ont enlevé à la rédaction du *Siècle* pour le nommer préfet ?

§§

La *Patrie* me demande « comment, dans mon système de fédé-
» ration, j'établirais l'accord commercial et industriel entre le
» sénat de Lille protectionniste et le sénat de Marseille libre-
» échangiste, entre la chambre de Rouen protectionniste que pré-
» siderait M. Pouyer-Quertier et la chambre de Bordeaux libre-
» échangiste que présiderait M. Jules Simon ? »
Je réponds à la *Patrie* :

J'établirais cet accord exactement comme il s'opère aux Etats-
Unis et en Suisse.

Si le rédacteur de la *Patrie* a une bibliothèque, et si dans sa
bibliothèque il y a soit la *Démocratie en Amérique*, par Alexis
de Tocqueville, soit l'*Histoire de Washington*, par M. Cornelis
de Witt, je l'engage à ouvrir le premier de ces deux ouvrages, t. I,
p. 223, et le second, page 441 ; il y trouvera le texte de la Constitution américaine du 17 septembre 1787, et il y lira :

CHAPITRE II. — SECTION HUITIÈME

Le Congrès aura le pouvoir :

1° D'établir et de faire percevoir des taxes, droits, impôts et excises ;
mais les droits, impôts et excises *devront être les mêmes dans tous les
Etats-Unis ;*

2° De régler le commerce avec les nations étrangères entre les divers
Etats et avec les tribus indiennes.

La Constitution fédérale pour la Confédération suisse n'est pas
moins explicite ; elle s'exprime ainsi :

ART. 8. — La Confédération a seule le droit de déclarer la guerre et
de conclure la paix, ainsi que de faire avec les *Etats étrangers* des
alliances et des *traités*, notamment des traités de péage (douanes) et de
commerce.

ART. 9. — Toutefois, les Cantons conservent le droit de conclure avec
les Etats étrangers des traités sur des objets concernant l'économie publique, les rapports de voisinage et la police ; *néanmoins, ces traités
ne doivent rien contenir de contraire* à la Confédération ou aux droits
des autres cantons.

Ces textes sont si précis que toute observation que j'y ajoute-
rais serait superflue.

L'accord entre Rouen et Bordeaux, entre M. Pouyer-Quertier
et M. Jules Simon, s'établirait comme il s'établit aujourd'hui :
par un vote de la majorité législative.

§§

Le *National*, que j'avais prié de vouloir bien me dire où il avait
vu que « *la paix, la liberté, la sécurité et la stabilité* aient
» vécu longtemps en bon accord avec l'Unité » me répond « qu'il
» l'a vu partout et en tout temps dans l'histoire. » (Textuel.)
Est-ce que la liberté existait en France avant 1789, sous la Monarchie, où les imprimeurs étaient pendus, les livres brûlés et les
hérétiques massacrés ? Est-ce qu'elle existait en 1793, sous la République centraliste qui envoyait les suspects à la guillotine ?
Est-ce qu'elle existait sous le premier Empire, où J.-B. Say et
Mme de Staël étaient bannis ? Est-ce que le second Empire, l'Empire de 1852, a été la paix, la liberté, la sécurité, la stabilité ?
Est-ce que liberté existait en Autriche avant qu'elle se divisât en
deux royaumes distincts sous une seule couronne ? Est-ce que la
liberté existe en Russie ?

A cette autre question : « Où M. Rousset a-t-il vu la centralisation co-exister avec le suffrage universel ? » l'homme d'Etat du

National me répond : « Il a vécu vingt ans côte à côte avec l'Empire de 1852. » Mais à quelle condition ? A la condition de le fausser par les candidatures officielles, et même en le faussant ainsi, l'on a vu à quel chiffre voisin de la majorité la minorité menaçante, grossissant chaque année, s'était élevée aux dernières élections générales de 1869.

§§

Les objections de l'*Etoile* contre l'établissement en France de la République fédérale sont celles que l'on va lire :

La France a quatorze millions d'illettrés.

Dans toute la Bretagne, le dictateur des consciences se nomme le clergé.

Dans le Languedoc, c'est le gendarme et le préfet.

Dans la plupart des provinces, c'est le commissaire de police et le procureur de la République.

L'excès traditionnel de l'ignorance, de la centralisation et de l'obéissance passive a, pour longtemps encore, atrophié la vie individuelle : *avant de décentraliser*, il faut instruire et rendre les esprits à l'initiative.

Je réponds :

Est-ce qu'avec la République centraliste la France comptera moins d'illettrés en 1871 qu'avec la République fédérale? Est-ce que le commissaire de police et le ministère public pèseront moins? Si *avant de décentraliser* il faut instruire, pourquoi le centralisme a-t-il eu toujours de l'argent pour tout, excepté pour l'instruction primaire? Lorsqu'il ne trouvait pas d'argent pour construire des écoles primaires et payer les instituteurs communaux, il en trouvait par centaines de millions pour toutes les interventions étrangères les moins judicieuses et toutes les expéditions lointaines les plus hasardées. Criez donc : Vive le centralisme !

L'*Etoile* ajoute :

Un Sénat, une Chambre des pairs soutiennent un monarque; ils ne rendent aucun service à une République, dans un pays où les conseils généraux sont appelés à devenir des Sénats provinciaux.

Je reprends et je dis :

Comment, n'ayant pas d'attributions, les conseils généraux ourraient-ils devenir des Sénats provinciaux ?

L'*Etoile* ne sait donc pas ce que c'est qu'un conseil général ?

Elle poursuit en ces termes :

M. de Girardin a-t-il un secret pour faire pousser des orateurs et des hommes politiques comme des idées sur son arbre ? Saura-t-il multiplier du même coup les capacités politiques locales, afin d'en former trente assemblées utiles ?

Faute de véritable représentation locale, où les hommes studieux, consciencieux, modestes, peuvent-ils aujourd'hui se former en France à la vie politique, s'exercer, se produire, se faire apprécier par leurs compatriotes ?

Si la France était divisée en quinze Etats, plus ou moins, et que chacun de ces Etats eût ses deux Assemblées, croit-on que l'émulation n'aurait pas très rapidement formé et mis en relief assez d'hommes distingués pour que le Congrès fédéral donnât de la France une plus haute idée que celle qu'en donne à l'étranger l'Assemblée nationale élue le 8 février dernier ? Je juge de l'arbre par ses fruits. Je juge du centralisme par l'Assemblée de Versailles.

Rien de plus facile que de rédiger un programme ; voici celui de l'*Etoile* :

Une Assemblée unique, nommant son conseil des ministres, et déléguant le pouvoir exécutif au président de ce conseil ; décentralisation la plus large possible des administrations communales, et instruction à la fois gratuite et *publique*, répandue à flots jusqu'au moindre village avec l'enseignement des droits et des devoirs politiques, voilà jusqu'à présent le programme le plus pratique et le plus propre à rétablir la paix entre la Commune de Paris et l'Assemblée de Versailles, avec la patriotique intervention du congrès de Bordeaux.

Si ce programme centraliste est le plus propre à rétablir la paix entre la Commune de Paris et l'Assemblée de Versailles, alors pourquoi se mitraillent-elles et pourquoi ont-elles besoin de l'intervention d'un congrès quelconque, puisque la question, dans ce cas, se bornerait à doter plus largement l'instruction populaire ?

§§

Conclusion :

Plus je vois grossir le nombre de mes contradicteurs, plus je débats avec eux la question qui nous divise, et plus je me rattache fortement à la devise de l'Union américaine :

E pluribus unum,

complétée par la devise de la Confédération helvétique :

Un pour tous et tous pour un

Oui, il n'y aura en France de liberté efficacement garantie, et conséquemment de prospérité durable, de stabilité, qu'avec la République fédérale, c'est-à-dire qu'avec la représentation locale et la souveraineté à deux degrés, sans laquelle l'indépendance du Département, de la Province, du Canton ou de l'État, peu importe le nom, ne sera jamais qu'une fiction et une déception.

VIII

TROP TOT ET TROP TARD

12 mai 1871.

Je suis accusé de voir trop tôt, et quand on le reconnait il est trop tard.

La proposition qui, le 10 avril, a paru sous ce titre : LE COMPROMIS DU BONHOMME FRANKLIN, ayant eu le même sort que celle publiée en tête de la *Liberté*, le dimanche 4 septembre 1870, avant dix heures du matin, ce que cette proposition eût prévenu, ce qu'elle eût empêché s'accomplira certainement.

Libre de tout engagement, rien, victorieuse, ne retiendra l'Assemblée de Bordeaux-Versailles sur la pente de la réaction.

Il ne faut pas que M. Thiers s'abuse ! Il est appelé en 1871 à avoir le même sort que M. de Lamartine en 1849. La majorité ne l'écoutera plus, et des murmures couvriront sa voix s'il lui arrive dans quelques jours de prononcer encore ces mots, qu'il fit tant applaudir en 1868 : — *Les libertés nécessaires.*

Or, la réaction triomphante, c'est la conservation forcée d'une armée permanente considérable, non telle qu'elle se recrute en Prusse, sans tirage au sort, sans remplacement à prix d'argent, mais telle qu'elle se recrutait encore l'an dernier, avec la loterie des hommes et la traite des blancs.

Cette conservation forcée d'une armée permanente, à l'écart de laquelle continueront de rester tous les Français valides qui auront les deux ou trois mille francs nécessaires pour se racheter, ce sera, comme par le passé, la paralysie du budget, c'est-à-dire l'impuissance d'opérer aucune des réformes financières et fiscales dont, cependant, l'accomplissement est l'unique moyen de mettre fin à la périodicité de nos révolutions endémiques.

Avec les cinq milliards auxquels la Prusse a fixé le chiffre de notre rançon ; avec toutes les dépenses inconsidérées qui ont été faites depuis dix mois et qu'il va falloir solder ; avec toutes les exemptions et toutes les diminutions d'impôt direct qui seront une des circonstances aggravantes de nos désastres, si nous persistons dans les errements du passé, où trouverons-nous l'argent nécessaire pour la dotation indispensable de l'enseignement obligatoire, sans lequel il faudra nous résigner à demeurer dans la condition d'infériorité et d'impuissance dont l'année 1870 a été la triste révélation ?

Non-seulement on ne le trouvera pas, mais on n'essayera même pas de le chercher !

Pareils à ces fils de famille qui ont les meilleurs professeurs, mais pour ne rien apprendre, nous aurons payé chèrement, très chèrement, les leçons de l'expérience ; nous les aurons payées au prix de dix milliards, mais pour n'en pas profiter.

C'est la conviction profonde que j'en ai, qui m'eût fait souhaiter qu'un compromis intervînt entre l'Assemblée de Versailles et la Commune de Paris, afin que les deux tendances opposées et extrêmes se tempérassent l'une par l'autre.

Du même coup, j'eusse voulu en finir avec la réaction et avec la révolution.

Le moyen, c'était de briser résolûment le vieux moule de nos quatre révolutions et de nos trois invasions, et d'adopter le seul qui soit à l'épreuve de la liberté et du suffrage universel.

L'idée de la République fédérale n'ayant trouvé que des adversaires, des incrédules, des renégats, suffrage universel et liberté recevez ici mes adieux ! La Monarchie imminente ne voudra pas de vous.

Et le jour prochain où la Monarchie prendra la place de la République, les républicains n'auront à en accuser qu'eux-mêmes. Pour qu'elle tînt debout et qu'elle prît enfin racine, ils n'avaient qu'à suivre le conseil que je leur avais donné le 3 septembre dans la soirée, et que je leur ai renouvelé le 4 septembre dans la matinée. La déchéance de l'Empire étant prononcée et la Constitution du 14 janvier 1852, revisée le 8 mai 1870, n'existant plus, ils n'avaient qu'à faire immédiatement la Constitution du 4 novembre 1848.

Je ne m'étais pas borné à donner le conseil, j'avais poussé la précaution jusqu'à libeller le décret.

Le voici :

REPUBLIQUE FRANÇAISE

Considérant qu'il a été reconnu que, dans les circonstances actuelles, l'élection et la réunion d'une Assemblée constituante composée de 760 membres présenteraient des difficultés insurmontables ;

Considérant que, dans ces circonstances, il importe moins encore de délibérer que d'agir ;

Considérant que la célérité de l'action exige l'unité du pouvoir ;

Le gouvernement de la défense nationale décrète :

Art. 1er. La Constitution du 14 janvier 1852, révisée le 8 mai 1870, n'existant plus, la Constitution du 4 novembre 1848 (*Constitution* TRANSITOIRE, *puisqu'elle prévoit et règle les cas de révision*) revit de plein droit par son antériorité, sa légitimité, sa nécessité.

Art. 2. La présidence de la République étant vacante, il sera procédé d'urgence, les dimanche 11 et lundi 12 septembre, à l'exception des villes cernées par l'envahisseur, dans tous les chefs-lieux de cantons de France, à l'élection du président de la République française.

Cette élection aura lieu, aux termes de la loi du 15 mars 1849, sur les listes électorales dressées pour l'année 1870.

Art. 3. Aussitôt que les circonstances le permettront, il sera procédé, également aux termes de la loi du 15 mars 1849, conformément au tableau de répartition qui sera publié et sur les mêmes listes que celles indiquées ci-dessus, à l'élection des 760 représentants du peuple appelés à composer l'Assemblée législative.

Paris, le 4 septembre 1870.

(Signatures).

Sans aucun doute, la Constitution du 4 novembre 1848 n'est pas parfaite; mais existe-t-il une seule Constitution qui ne laisse beaucoup à critiquer et beaucoup à désirer, sans en excepter la Constitution britannique et même la Constitution américaine ?

Il y a deux sortes de Constitutions :

Il y a les Constitutions *fermées:* ce sont celles auxquelles il ne peut être apporté aucun changement; de ce nombre étaient la Charte de 1815 et la Charte de 1830. Il y a les Constitutions *ouvertes*; ce sont celles qui sont indéfiniment perfectibles; de ce nombre était la Constitution du 14 janvier 1852; de ce nombre est la Constitution du 4 novembre 1848.

Les Constitutions *fermées* sont des Constitutions *définitives*; les Constitutions *ouvertes* sont des Constitutions *transitoires*.

Ce caractère essentiellement transitoire de la Constitution du 4 novembre 1848 était une considération qui militait si fortement en sa faveur qu'elle ne laissait debout aucune objection sérieuse, et, en effet, aucune ne me fut faite, ni par le général Trochu, président du Gouvernement de la défense nationale, ni par M. Gambetta, ministre de l'intérieur, lorsque je leur communiquai mon projet de décret, ni par M. Thiers, lorsque j'allai lui demander, le 8 septembre, ce qu'il en pensait.

Je ne considère pas comme une objection la crainte que m'exprima le général Trochu d'être accusé de prétendre à la présidence de la République. Ce fut le même scrupule qui, le 9 octobre, à son arrivée à Tours, retint M. Gambetta.

Si, le 4 septembre, mon conseil eût été suivi, le 6 septembre un armistice eût été conclu entre la France et la Prusse; M Jules Favre n'eût pas écrit sa circulaire fanfaronne du 6 septembre, circulaire qui a dominé pendant cinq mois toute la situation et engagé dans une fausse voie le gouvernement des Douze, ce gouvernement qui commit la faute de s'appeler le *Gouvernement de la Défense nationale*, au lieu de s'appeler purement et simplement la *République française*, et d'agir comme telle.

Après la capitulation de Sedan, l'armistice n'eût peut-être pas sauvé Strasbourg, mais il eût assurément sauvé Metz; il eût épargné à la France quatre milliards de rançon, quatre milliards au moins de dépenses et de désastres; il eût épargné à Paris toutes les rigueurs d'un investissement de cinq mois et la douleur d'une capitulation venant mettre le comble à toutes les capitulations successives de toutes nos places fortes du Nord et de l'Est.

Si, le 4 septembre, mon conseil eût été suivi, même le 9 octobre, même le 25 décembre, même le 28 janvier, la France n'eût pas donné à l'Europe le triste spectacle d'une guerre civile, aussi sanglante qu'une guerre étrangère, et la question n'en serait plus à se poser indécise encore entre le maintien de la République et le rétablissement de la Monarchie, sans pouvoir dire laquelle.

L'Assemblée élue eût été une simple Assemblée législative faisant suite à l'Assemblée législative, dissoute et dispersée le 2 décembre 1851 par l'armée, poussant l'obéissance passive jusqu'à arrêter dans leurs lits le général Cavaignac, le général Lamoricière, le général Le Flô, et jusqu'à traîner par les pieds, sur les dalles du palais législatif, le général Laidet, un général octogénaire.

Conséquemment, la prétention d'être Assemblée constituante ne lui fût pas venue.

Le président de la République, élu en janvier 1871, n'eût pas été le même que le président élu en septembre ou en octobre 1870; mais qu'il se fût nommé Trochu, Gambetta ou Thiers, la République française n'en eût pas moins suivi régulièrement son cours, et comme le sang n'eût pas coulé entre Paris et Versailles, la pensée ne me fût pas venue d'ouvrir ce débat entre la République centraliste et la République fédérale.

Dans six mois, les quelques lecteurs sympathiques qui se souviendront de cette discussion, diront : « Cette fois encore, il avait raison... » Mais cette fois encore, il sera trop tard !

IX

TOUT A DEMI

12 mai 1871.

Deux politiques se disputent la France depuis quatre-vingts ans.

L'une se résumant dans ces deux mots : « *Tout à demi.* »

L'autre ayant pour termes : « *Rien à demi.* »

C'est la seconde qui a toujours été la mienne.

La première l'ayant constamment emporté, quoique ayant constamment avorté, il est tout simple qu'elle n'ait jamais voulu de moi pour ministre.

Si je suis né à Paris au lieu de naître à New-York ou à Berlin, même à Turin, ce n'est pas ma faute, et ceux qui me le reprochent ont tort.

La Restauration de 1814-1815, n'ayant été qu'à demi la monarchie traditionnelle et qu'à demi la monarchie constitutionnelle; n'ayant été ni la monarchie française ni la monarchie anglaise, a eu le sort de l'édifice construit en violation des lois de la statique; elle s'est écroulée le 29 juillet 1830.

La Royauté de 1830, n'ayant également su être ni la monarchie impersonnelle avec M. Thiers, ni la monarchie personnelle avec M. Guizot, a eu le même sort; elle est tombée le 24 février 1848.

La République de 1848, la République de l'état de siége, de la suppression de la liberté de la presse et des transportations sans jugement n'ayant été que la continuation de la Monarchie sous un autre nom, il a suffi d'un coup d'Etat nocturne pour que, le 2 décembre 1851, elle engendrât l'Empire, né le 21 novembre 1852.

L'Empire de 1852, n'ayant été que la guerre à demi, la paix à demi, l'autorité à demi; n'ayant été ni la guerre avec ses conquêtes, ni la paix avec ses bienfaits, ni la liberté avec ses progrès, ni l'autorité avec sa puissance, a fini plus malheureusement encore pour la France que l'Empire de 1804; il a fini par la capitulation de Sedan et par la déchéance du 4 septembre 1870.

La République de 1870, n'ayant su être ni l'intégrité du territoire, ni l'intégrité de la liberté, est menacée d'avoir la même fin que la République de 1792 et que la République de 1848.

Ce sera un avortement de plus, mais malheureusement ce ne sera pas le dernier, car la Monarchie qui viendra suivra le même programme : « *Tout à demi.* » Elle ne sera ni l'ancien régime, ni le nouveau, ni le droit divin, ni le droit national, ni la liberté, ni l'autorité; comme tous les gouvernements qui se sont succédé depuis 1789, elle continuera d'être le mélange de tous les principes qui se contredisent et la persécution de quiconque osera opposer à la maxime subversive de « *Tout à demi* » la maxime progressive « *Rien à demi.* »

X

LE DROIT HÉRÉDITAIRE OU LE DROIT ÉLECTIF

12 mai 1871.

Suspendue par la guerre civile, aussitôt que le sang aura cessé de couler, la question qui se posera à Versailles sera celle-ci :

Ou le droit héréditaire ou le droit électif.

Le droit héréditaire, ce serait le rétablissement de la Monarchie, ce serait le rétablissement de Henri V sur le trône de France.

Le droit électif, c'est le maintien de la République ;

Mais comment mettre la République à l'abri d'un nouveau 18 brumaire ou d'un nouveau 2 décembre ?

Ce sera alors que la logique introduira dans le débat les deux Républiques :

La République centraliste ;

La République fédérale.

Ce sera alors que les rôles changeront.

Les objections contre la République fédérale s'évanouiront ; il ne restera debout que celles soulevées par la République centraliste.

Objections graves, car il s'agira de choisir entre la République centraliste et la liberté.

Avec la République centraliste, ni liberté de presse, ni liberté de réunion, ni liberté d'association ; le passé ne serait pas là pour l'attester que la logique l'attesterait.

XI

LA GUERRE CIVILE

13 mai 1871.

La guerre civile se prolonge.

Cependant elle aura une fin.

L'une des deux parties qui se combattent sera victorieuse.

Or, ce qu'il fallait précisément éviter, c'était qu'il y en eût une qui triomphât; car rien, je le prévois et je le crains, n'arrêtera son intolérance.

Cette fois encore, ce sera la liberté qui payera pour tout le sang versé.

C'est pourquoi il eût été désirable qu'un Compromis, équitablement tiré de l'intérêt réciproque de l'Assemblée de Versailles et de la Commune de Paris, intervînt entre elles et imposât silence à toutes fausses susceptibilités.

Avant les susceptibilités satisfaites, les libertés sauvées !

En juin 1848, force est restée à l'Assemblée nationale ; mais à quel prix ?

Au prix de l'état de siége, au prix de la liberté de la presse supprimée, au prix de la liberté de réunion retirée, au prix de cinq mille transportations sans jugement, malheureux précédents dont la consécration républicaine a rendu exécutable le coup d'Etat du 2 décembre, qui, sans eux, eût été impossible.

Même la pensée ne s'en fût présentée à aucun esprit, si aventureux qu'il fût.

Eh bien ! à quoi a servi la répression implacable de l'insurrection de juin 1848 ?

Est-ce que la guerre civile de mai 1871 n'en est pas la continuation, avec la différence qu'il y a entre quatre jours de lutte et quarante jours de combat ?

L'Assemblée nationale de 1871 s'abuserait-elle jusqu'à s'imaginer qu'elle aura la puissance que n'a pas eue l'Assemblée nationale de 1848 ? S'abuserait-elle jusqu'à croire que le triomphe sur lequel elle compte sera une solution ?

Le lendemain de ce triomphe, que fera-t-elle?

Sera-ce, sous le nom d'amnistie, l'effacement du passé?

Sera-ce, sous le nom d'exécution de la loi, la rigueur de la répression?

Que ce soit l'un ou l'autre parti qu'elle adopte, le passé est là pour attester l'inefficacité de tous les deux.

Il y a des convictions, il y a des sentiments, il y a des erreurs, il y a des souffrances contre lesquels pardon et châtiment sont également impuissants.

Donc, il y avait à tenter autre chose que ce qui a été essayé en vain jusqu'à ce jour.

La voie des Compromis, si largement ouverte aux Etats-Unis, était une voie à ouvrir non moins largement en France.

Les circonstances s'y prêtaient, parce que M. Thiers, chef du pouvoir exécutif de la République française, a la conviction immuable qu'il ne saurait y avoir de gouvernement libre, durable, avec une seule Assemblée. Aux prises avec toutes les difficultés, avec les impossibilités du régime actuel (1), il aspire au jour où il pourra les écarter. L'expérience qu'il a faite depuis trois mois du système Grévy ne lui aurait laissé à cet égard aucune illusion, s'il en avait jamais eue; il était certain qu'un président du conseil des ministres, chef du pouvoir exécutif, nommé par la majorité hétérogène d'une Assemblée unique, révocable par elle à toute heure, sur toute question, ne paraîtrait à l'immense multitude, dans les circonstances actuelles, qu'un *intérim*, qu'une pierre d'attente de l'édifice à reconstruire ; qu'elle n'y verrait pas un gouvernement définitif, un gouvernement stable. C'est, en effet, ce qui est arrivé.

M. Thiers est très sincère quand il déclare à la tribune qu'il n'épargnera aucun effort pour que le troisième essai de fondation en France de la République y soit plus heureux que les deux premiers ; mais il sait parfaitement qu'en parlant ainsi il exprime un désir personnel qui n'est pas partagé par la majorité de l'Assemblée nationale, et que le jour décisif où il voudra mettre ses actes d'accord avec ses paroles cette majorité l'abandonnera. Aujourd'hui M. Thiers reconnaît l'irréparable faute qu'il a commise en ne suivant pas le conseil qui lui fut donné le 7 février, de n'accepter la responsabilité du pouvoir qu'à la condition qu'avant toute autre

(1) Voir *Assemblée nationale*, séance du jeudi 11 mai 1871.

délibération l'Assemblée de Bordeaux déclarerait que la Constitution du 4 novembre 1848 reprenait son cours interrompu par le coup d'Etat du 2 décembre 1851. Aux termes de l'article 45 de cette Constitution, M Thiers eût été élu président de la République française pour quatre ans, ce qui eût été une année de plus que la durée des pouvoirs de l'Assemblée actuelle, point important. Ayant alors la liberté d'action qui lui fait défaut dans sa situation dépendante et précaire, il n'eût pas cédé aux impatiences irréfléchies qui ont allumé, le 18 mars, l'incendie qui a éclaté le 2 avril, et qui dure depuis quarante jours sans qu'il soit possible encore de prévoir le moment où il s'éteindra. Il est rare qu'une faute soit stérile et ne procrée pas d'autres fautes qui en engendrent encore de nouvelles. Mais plus cette situation de M. Thiers était anormale et précaire, et plus il y avait lieu de penser qu'il aurait hâte d'en sortir par un Compromis entre l'Assemblée de Versailles et la Commune de Paris, se réduisant à ces termes infiniment simples :

Application à la France, sauf des modifications de détail, de la Constitution des Etats-Unis avec ses deux Assemblées fédérales, — Sénat et Chambre des représentants, — et avec l'indépendance du pouvoir judiciaire qui, tel qu'il fonctionne en Amérique, est un frein d'une puissance inconnue en Europe.

Par ce Compromis si simple, — c'est celui que j'ai proposé, en commençant par le mettre sous la protection du nom de Franklin:

L'Assemblée de Versailles sortait de l'impasse dans laquelle elle est acculée ;

M. Thiers, qui a fait preuve depuis un an de hautes qualités qu'il serait injuste de méconnaître, devenait le Washington français ;

L'Etat de Paris avait sa souveraineté de second degré, sa représentation locale, sa puissance législative ; il en était de même de Lille, de Lyon, de Marseille, de Toulouse, etc. ;

La guerre civile s'éteignait d'elle-même ;

Il n'y avait pas de réaction à craindre, puisqu'il n'y avait pas de victoire remportée; tout ce qui précède découlait logiquement du Compromis adopté.

XII

LE CRAQUEMENT DE L'ÉDIFICE

13 mai 1871.

Il n'est pas besoin d'être à Versailles pour voir que l'édifice républicain qui a pour façade l'Assemblée nationale, élue le 8 février 1871, aux termes d'un décret signé Jules Favre et Ernest Picard, craque de toutes parts et ne tardera pas à s'écrouler.

En 1848, est-ce que les votes réitérés de confiance ont manqué à la Commission exécutive, dont les noms de MM. de Lamartine et Ledru Rollin représentaient les deux tendances divergentes?

En 1870, est-ce que les votes réitérés de confiance ont manqué au ministère Ollivier-Buffet-Daru?

Si, dans la séance de l'Assemblée nationale du jeudi 11 mai 1871, M. Thiers, offrant de donner sa démission, eût été pris au mot, ou s'il l'eût maintenue, faute d'un vote de confiance qui le satisfît pleinement, par qui l'Assemblée nationale, divisée comme elle l'est, l'eût-elle remplacé?

Lui donner un successeur eût été de toute impossibilité, quoiqu'on dise qu'il n'y a pas d'homme indispensable.

Alors c'était plus que le craquement de l'édifice, c'était son éboulement.

Donc il est important, donc il est urgent de mettre très sérieusement à l'étude la question de la forme de gouvernement qui devra succéder au gouvernement pseudonyme de Versailles, à ce gouvernement qui cache son véritable nom de Monarchie sous le faux nom de République.

XIII

LES DEUX LOIS OPPOSÉES

14 mai 1871.

Entre le *Siècle* et moi, quand on y regarde de très près, on reconnaît que le dissentiment est plus grand en apparence qu'en réalité.

Premièrement, le *Siècle* déclare que, « il n'est nullement centraliste; » deuxièmement, il reconnaît que, « il n'existe pas de
» forme démocratique fédérale, unitaire ou mixte, capable de
» préserver la liberté républicaine des dangers que lui fait cou-
» rir le maintien des grandes armées permanentes: » troisièmement, il proclame que « la centralisation administrative française
» et l'excessive concentration de l'autorité gouvernementale sont
» incompatibles avec l'existence d'un gouvernement républicain
» libre et démocratique ; » quatrièmement, il ajoute que « dans
» les sociétés modernes, le gouvernement républicain libre et dé-
» mocratique n'a été réalisé que sous la forme de fédération d'E-
» tats souverains; » cinquièmement, et enfin il demande « le
» remplacement des préfets par des corps élus, constituant une
» magistrature indépendante du pouvoir exécutif et garantissant
» à la Commune sa pleine autonomie. »

Sa grande, son « unique objection contre la République fédé-
» rale en France, contre les Etat-Unis de France, c'est qu'en
» France il n'y a pas d'Etats. »

Je n'insisterai pas sur ce fait que j'ai déjà rappelé ; c'est qu'a-
vant le 15 janvier 1790, il y avait en France des Etats provinciaux et des Assemblées provinciales, des pays d'Etat et des
pays d'élection, et enfin quatorze Parlements qui siégeaient à :

Aix ;
Besançon ;
Bordeaux ;
Dijon ;
Douai ;
Grenoble ;
Metz ;
Nancy ;
Paris ;
Pau ;
Rennes ;
Rouen ;
Toulouse ;
Trévoux.

Ce fait, M. Eugène Ténot et le *Siècle* le passent complétement
sous silence et n'en tiennent aucun compte. Je l'écarte, puisqu'il
les embarrasse.

Je n'insisterai pas non plus sur ce dilemme, qui risquerait aussi de les embarrasser : sans une armée permanente considérable, comment assurer le maintien de l'ordre dans une ville de deux millions d'habitants, telle que la ville de Paris, et avec une armée permanente considérable comment assurer la conservation de la République? (1)

Je veux apporter dans ce débat l'esprit le plus conciliant, et montrer moins ce qui nous divise que ce qui nous rapproche.

J'ai dit ce qui nous rapprochait; il me reste à dire ce qui nous divise : c'est l'importance exagérée, excessive que M. Eugène Ténot donne à ce mot : « Etat. »

Est-ce que la signification, est-ce que la valeur de ce mot est la même lorsqu'il s'agit d'un Etat fédéré n'ayant qu'une demi-souveraineté ou d'un Etat isolé ayant la souveraineté plénière ?

Incontestablement non.

Lorsqu'il s'agit d'une fédération, et c'est ce qui a lieu aux Etats-Unis et en Suisse, l'Etat est à l'Union ce qu'était au temps de la féodalité le vassal au suzerain. L'Etat fédéralisé, c'est l'Etat vassalisé, c'est l'Etat souverain dans le cercle restreint où il commande ; mais c'est l'Etat sujet dans le cercle plus étendu où se meut la souveraineté d'essence supérieure. L'Etat fédéralisé est à l'Union fédérale ce que les bataillons d'un régiment sont à ce régiment.

Aux Etats-Unis, quels sont les droits de l'Etat? en Suisse, quels sont les droits du Canton ?

J'engage M. Eugène Ténot, qui est un contradicteur sérieux et consciencieux, à s'en bien rendre compte avant de clore cet utile débat.

Qu'il ouvre le 1er volume de la *Démocratie en Amérique*, par M. Alexis de Tocqueville, à la page 192, et il y lira ce qui suit :

Non-seulement les Etats-Unis forment une République, mais encore une Confédération. Cependant l'autorité nationale y est, à quelques égards, *plus centralisée* qu'elle ne l'était à la même époque dans plusieurs des monarchies absolues de l'Europe.

(1) Vous serez dispensés de tenir sur pied ces *armées nombreuses, qui, sous toutes les formes de gouvernement, sont très peu favorables à la liberté et qui lui sont* PARTICULIÈREMENT CONTRAIRES SOUS LE GOUVERNEMENT RÉPUBLICAIN.

C'est sous ce rapport qu'il importe que vous considériez l'Union comme la pierre fondamentale de votre liberté.

WASHINGTON. — Adresse d'adieux du 17 septembre 1796.

L'Union n'a qu'un seul tribunal pour faire interpréter la loi, comme une seule législature pour la faire ; l'impôt, voté par les représentants de la nation, oblige tous les citoyens. *L'Union est donc plus centralisée sur ces deux points essentiels que ne l'était la monarchie française...*

Lorsqu'on fait attention au partage des pouvoirs, tel que la Constitution fédérale l'a établi ; quand, d'une part, on examine la position de souveraineté que se sont réservée les Etats particuliers, et, de l'autre, la part de puissance que l'Union a prise, on découvre aisément que les législateurs fédéraux s'étaient formé des idées très nettes et très justes de ce que j'ai nommé précédemment la centralisation gouvernementale.

En réalité, les Etats qui composent l'Union américaine ne sont donc que de grandes divisions administratives d'un même Etat, ayant leur représentation locale et étant toutes-puissantes lorsqu'il s'agit de la gestion de leurs intérêts locaux, mais n'ayant que cette puissance limitée et infranchissable ; je dis infranchissable, parce qu'il faudrait pour la franchir que l'Etat brisât le lien fédératif, dans lequel cas, en 1787, il eût été 1 contre 12 ; dans lequel cas, en 1871, il serait 1 contre 36.

Des Etats qui ont entièrement abandonné, qui ont exclusivement « délégué » à un pouvoir central, nommé pouvoir fédéral,
» le droit de déclarer la guerre, de lever et entretenir des armées,
» de créer et d'entretenir une marine, de faire des règlements pour
» le gouvernement et l'administration des forces de terre et de
» mer, de pourvoir à la convocation de la milice pour exécuter
» les lois de l'Union, d'établir et de percevoir les taxes, droits
» et impôts directs ou indirects, de payer les dettes et de pour-
» voir à la défense commune, sous la seule réserve que ces
» droits et impôts directs ou indirects seront uniformes dans
» toute l'étendue de l'Union, de faire les règlements de com-
» merce, d'établir une règle uniforme pour la naturalisation, de
» battre monnaie, d'en fixer la valeur ainsi que l'étalon des
» poids et mesures, etc., etc., » de tels Etats sont-ils des Etats véritablement autonomes ? Sont-ils réellement autre chose et plus que les sections d'un Etat ?

Mais si les 37 Etats qui composent l'Union américaine ne sont que les sections d'un Etat, s'ils n'ont pas les attributs de la souveraineté que possédaient les Etats qui formaient la Confédération germanique, alors pourquoi, me dira M. Ténot, attachez-vous tant d'importance à la forme fédérative et au nom de République fédérale ?

A cette question voici ma réponse :

C'est que le jour où la France aura renoncé à la division administrative par départements et à la représentation fictive de ses conseils généraux pour adopter la division territoriale par États et une représentation locale qui ne relève que d'elle-même, qui soit indépendante, les risques d'insurrection, de révolution, de dictature, d'usurpation, s'ils n'ont pas totalement disparus, seront considérablement amoindris.

En France, la République centraliste, la République autoritaire, la République une et indivisible implique logiquement et nécessairement Paris pour capitale ; il n'en est pas ainsi de la République fédérale, attendu qu'elle est la décentralisation poussée jusqu'à ses dernières limites et la centralisation réduite à ses attributions indispensables. Le siège de son administration peut donc être établi où elle juge à propos de le fixer. Aux États-Unis, il n'est pas à New-York, il est à Washington ; en Suisse, il n'est pas à Genève, il est à Berne. Supposez que la France se compose de quinze États en pleine possession de leur autonomie administrative, ayant chacun leurs deux Assemblées indépendantes, ne dépendant pas plus de M. Dufaure, garde des sceaux à Versailles, que de M. Protot, délégué de la justice à Paris ; supposez que Bourges ou Tours soit le Washington français, quel motif une insurrection, une tentative de révolution aurait-elle d'éclater à Paris ? En cas de succès, qu'est-ce que les chefs y gagneraient ?

Le lien fédéral, j'en conviens, n'a pas été assez fort, en 1862, pour empêcher la guerre de sécession d'éclater entre les États du Sud et les États du Nord de l'Union américaine ; mais pendant combien d'années ne l'a-t-il pas retardée par des Compromis successifs ?

M. Ténot a trop de bonne foi pour ne pas convenir que, d'ailleurs, il s'agissait ici d'une question d'une nature et d'une importance toute exceptionnelle, moins encore comme question de propriété que comme question de race. Sans doute, cette guerre a été terrible ; mais que fût-il arrivé si, aux États-Unis, la République eût été centraliste au lieu d'être fédérale ? Il fût arrivé que, par la crainte d'un déchirement, l'abolition de l'esclavage n'eût jamais été votée.

Au point de vue de la dignité humaine, au point de vue de l'honneur des États-Unis, s'il y a un progrès accompli qui n'ait pas été payé trop chèrement au prix d'une guerre, assurément c'est celui qui a rendu au noir son nom d'homme par la libre disposition de lui-même, de sa femme et de ses enfants.

Je terminerai cette réponse à M. Ténot par une observation dont l'importance ne lui échappera certainement pas, et je m'étonne même qu'elle ne soit pas venue à son esprit avant de se présenter au mien.

Qu'il regarde attentivement, et il verra que la Monarchie et la République obéissent à deux lois diamétralement opposées : la Monarchie tend forcément à l'Unité, et la République à l'Union.

Donc :

Le centralisme est par essence la loi monarchique, et le fédéralisme par essence la loi républicaine.

Que font l'empereur Guillaume et le prince de Bismark ? Ils vont du fédéralisme au centralisme. La capitulation de Sedan nous ayant ramené à la forme républicaine, que devons-nous faire ? Nous devons aller du centralisme au fédéralisme.

Seul, le fédéralisme aura le pouvoir de nous rendre notre puissance et notre prestige perdus, parce qu'il sera la révolution dans les idées, tandis que le centralisme est la révolution dans les rues.

Berlin ne tardera pas longtemps à l'apprendre.

XIV

L'USURPATION ET LA RÉVOLUTION DÉSARMÉES

14 mai 1871.

Le *National* définit ainsi la fédération :

Une fédération consiste invariablement dans l'association formée par des Etats faibles, sous la pression d'un *imminent danger*, pour condenser leurs forces, résister à un ennemi puissant, protéger leurs intérêts communs.

J'accepte la définition du *National*, et je lui pose cette question :

Sous la République centraliste, ayant nécessairement Paris

pour capitale, deux *dangers imminents* ne menacent-ils pas la France, celui d'un 2 décembre 1851, renouvelé sans cesse et sans fin si la République centraliste dispose d'une armée permanente, et celui d'un 18 mars 1871, également renouvelé sans cesse et sans fin si la République centraliste n'a entre les mains aucune force militaire qui fasse contre-poids à la portion militante des trois cent mille ouvriers de Paris, qu'une idée trouve toujours prêts à combattre pour elle, ainsi que l'attestent le 15 mai 1848, les 23, 24 et 25 juin suivants, les 4 septembre et 31 octobre 1870, et enfin la guerre civile qui dure depuis quarante jours?

S'il est incontestable que ces deux dangers, celui de l'usurpation et celui de la révolution, existent à un égal degré, comment les écarter l'un et l'autre autrement qu'en divisant la France en Etats qui se fédèrent entre eux en vue de ce double et imminent péril?

La République centraliste implique nécessairement le maintien de Paris comme capitale et l'entretien d'une armée permanente.

La République fédérale, désarmant l'usurpation, désarme du même coup la révolution et choisit la ville qu'elle veut pour en faire le siége du Congrès et du gouvernement.

Mais il n'y aura plus rien à appréhender des ouvriers à Paris lorsqu'ils ne craindront plus rien pour la conservation de la République, qui est leur triomphe, leur conquête, et de laquelle ils attendent, si ce n'est la solution de toutes les questions qui les intéressent, du moins l'étude approfondie et consciencieuse de celles qui furent, en 1848, il y a plus de vingt ans, l'objet des engagements les plus formels. Or, ces engagements, comment ont-ils été tenus?

Un autre avantage de la République fédérale, c'est qu'avec elle toutes les tentatives de réformes sont possibles sans imprudence, parce que l'expérience faite dans un Etat, soit qu'elle ait réussi, soit qu'elle ait échoué, est un exemple ou une leçon qui profite à tous les autres Etats.

Toute erreur de la part du centralisme implique des conséquences si étendues, que son immobilité s'explique par le poids même de sa responsabilité.

Il est presque tenu d'être infaillible; ne l'étant pas, il se borne à être immobile.

Résumé : Le centralisme est l'immobilité; le fédéralisme est l'émulation

XV

LA RÉPUBLIQUE FÉDÉRALE

15 mai 1871.

En réalité et en résumé, qu'est-ce que la République fédérale?

C'est une assurance mutuelle formée, soit par des Etats qui étaient distincts, soit par des divisions territoriales d'un Etat opérées à cet effet, assurance mutuelle ayant pour objet de garantir leur indépendance contre le risque de guerre et la liberté de leurs habitants contre le risque d'usurpation et de dictature.

Pas de fédération, pas d'assurance mutuelle, conséquemment, pas de garantie contre ce dernier risque.

Si la définition que je viens de donner de la République fédéle n'est pas exacte, que l'on veuille bien m'expliquer :

Premièrement, comment une usurpation serait possible, soit aux Etats-Unis, soit en Suisse?

Deuxièmement, comment on s'y prendrait en France pour empêcher le chef de l'armée, si la République centraliste lui plaisait moins qu'un trône, de se proclamer roi ou empereur?

La réponse à ces deux questions ne se trouve pas seulement dans l'histoire de France, règnes de Napoléon Ier et de Napoléon III, elle se trouve aussi dans l'histoire d'Angleterre, protectorat d'Ollivier Cromwell.

Conclusion :

Ou l'Hérédité monarchique ;

Ou la République fédérale.

Qui veut le maintien de l'Unité doit proposer le rétablissement de la Monarchie, car l'Unité n'est possible que par elle et avec elle.

La question se réduit donc à ces deux termes étroits :

L'Unité monarchique ou l'Union républicaine.

Si, un instant, il y a eu des ombres et des doutes dans mon esprit, il n'y en a plus ; la discussion les a dissipés.

Ce n'est qu'en simplifiant ainsi la question, la dégageant de toutes les complications qui l'obscurcissent, et la mettant à la portée de toutes les intelligences que la France consultée pourra prononcer en connaissance de cause.

On l'a vu en 1792 et 1793, on l'a vu en 1848 et 1849, on le voit en 1871, la République centraliste, c'est la République autoritaire.

La République fédérale, c'est la République libérale.

Sous l'Empire autoritaire j'aspirais ardemment à l'Empire libéral ; c'était le but de tous mes efforts.

Sous la République autoritaire, j'aspire non moins ardemment à la République libérale, c'est toujours le même but que je poursuis.

Est-ce moi qui change?

Lorsque l'on parcoure en voiture une route bordée d'arbres, qu'est-ce qui marche? Est-ce la voiture qui semble immobile, ou est-ce l'arbre qui paraît marcher?

Je suis l'arbre ; ceux qui m'accusent de manquer de fixité sont la voiture.

Que la République fédérale soit la suppression radicale de toutes les dépenses centrales inutiles, de toutes les sinécures démasquées, de toutes les fonctions salariées pouvant être exercées gratuitement avec avantage ; qu'elle soit l'abolition du recrutement militaire et de l'inscription maritime, et le vote des campagnes sera le même que celui des villes !

XVI

QUE VEUT LA FRANCE?

16 mai 1871.

Que veut la France?

Veut-elle la République?

Laquelle?

Veut-elle la Monarchie?

Laquelle?

La preuve que la France ne sait pas ce qu'elle veut, ce sont ses votes d'avril 1848, de mai 1849, de décembre 1851, de novembre 1852, de juin 1869, de mai 1870, de février 1871 et du 30 avril dernier qui se contredisent les uns les autres.

Donc, ce n'est pas à la France, c'est à la logique qu'il faut demander ce qu'elle veut.

C'est la République qui a établi en France le suffrage universel, et les deux seuls autres pays où il existe, les États-Unis et la Suisse, sont républicains.

Cette forme de gouvernement a contre elle momentanément l'immense majorité dans les campagnes, et immuablement pour elle l'immense majorité dans les villes, en d'autres termes elle a contre elle les cultivateurs et pour elle les ouvriers.

Mais ce qu'elle a pour elle et ce qui est décisif, c'est la logique.

Ou il faut supprimer le suffrage universel ou il faut conserver la République, car si on la laissait tomber, il la relèverait tôt ou tard ; il en est aussi inséparable que la cause l'est de l'effet.

La logique, la raison, l'expérience, la prévoyance prescrivent donc de la maintenir.

Mais sous quelle forme ?

Sera-ce sous la forme de la Monarchie constitutionnelle, moins le monarque, système Grévy ?

Ce système, qui laisse la porte ouverte et la place libre à toutes les combinaisons, à toutes les tentatives de restauration monarchique, est condamné par l'expérience qui s'en fait : c'est l'impuissance dans l'instabilité.

Sera-ce sous la forme de la République centraliste ?

Deux fois, en 1792 et en 1848, l'essai en a été fait, et deux fois il a été le contraire du succès ; il n'y a pas un seul exemple d'un pays où il ait réussi et où il ait duré : c'est la révolution quand ce n'est pas l'usurpation, et, dans l'un comme dans l'autre cas, ce n'est jamais l'ordre par la liberté et la prospérité par la sécurité.

Conséquemment ce ne peut être que sous la forme de la République fédérale.

Mais alors il faut que ce soit en commençant par mettre à profit l'expérience acquise par l'Union américaine et par la Confédération helvétique, sauf à simplifier et à perfectionner ultérieurement s'il y a lieu.

Ignorance et innovation s'excluent ou se nomment présomption et avortement.

Si les républicains de 1848 eussent été moins ignorants et moins présomptueux, se souvenant du 18 brumaire, ils eussent prévu le 2 décembre et alors, au lieu de copier servilement l'histoire de la Révolution française, ils eussent pris pour guide l'histoire des Etats-Unis.

Aux Etats-Unis, le Président de la République et ses ministres exécutent et ne discutent pas.

Ne discutant pas, ils ne s'usent pas.

Le Congrès a son orbe où il se meut; le Président a le sien d'où il ne sort pas. Conséquemment, point de choc à redouter.

Le pouvoir judiciaire n'est pas un pouvoir subordonné; il est, en droit et en fait, un troisième pouvoir et, sinon le supérieur, au moins l'égal du pouvoir législatif et du pouvoir exécutif.

Le Sénat et la Chambre des représentants ne font pas double emploi; ils sont l'un à l'autre ce que sont les deux roues qui s'engrènent dans toutes les machines dont nous admirons la puissance et la régularité.

Dans un pays où la Royauté était séculaire, c'est déjà une assez grande difficulté que d'entreprendre de substituer la République à la Monarchie, pourquoi donc ajouter à cette difficulté l'inconnu de l'innovation?

Pourquoi la Monarchie constitutionnelle qui fonctionne régulièrement en Angleterre s'est-elle à deux reprises brisée en France? C'est qu'ayant un modèle sous les yeux, nous ne l'avons pas scrupuleusement suivi.

Pourquoi la République, qui fonctionne admirablement aux Etats-Unis et en Suisse, s'est-elle également à deux reprises brisée en France? C'est qu'au lieu d'imiter nous avons encore voulu innover.

N'eût-il pas mieux valu ne point innover et réussir que d'innover et d'échouer?

Tout gouvernement est un mécanisme, et tout mécanisme a ses lois que l'on ne viole jamais impunément.

La France est à demi monarchique et à demi républicaine; c'est là ce qui fait la difficulté et le péril de la situation.

Si elle était pleinement monarchique, rien ne serait plus simple que de lui donner satisfaction immédiate ; car ce qui manque, ce ne sont pas les prétendants au sceptre, à la couronne et au trône.

Si elle était pleinement républicaine, rien ne serait également plus simple que de se conformer à sa volonté, puisqu'en possession du principe depuis le 4 septembre 1870, il ne s'agirait que de profiter de l'expérience comparée pour le convertir en force motrice ne courant plus de risques sérieux, et ne faisant plus courir de périls graves.

Mais la France n'étant ni assez monarchique ni assez républicaine pour servir de fondations solides, soit à un gouvernement monarchique durable, soit à un gouvernement républicain stable, ce n'est pas elle, je le répète, qu'il faut consulter : c'est la logique, sur laquelle n'ont aucune prise ni les événements ni les passions.

Or, la logique du suffrage universel aboutit fatalement à la République ; donc, à moins d'être aveugle ou insensé, il faut la maintenir, mais sous la réserve expresse que ce ne soit pas la Révolution, se cachant sous un nom qui n'est pas le sien.

Il y a une pierre de touche qui rend impossible toute confusion entre la Révolution et la République.

Cette pierre de touche, c'est la liberté.

Puisque la République centraliste n'a jamais pu supporter l'expérience de la liberté, évidemment c'est qu'elle n'est que le pseudonyme de la Révolution ; et puisqu'au contraire la liberté n'est nulle part aussi complète et mieux garantie qu'aux Etats-Unis et en Suisse, où la République fédérale est séculaire, c'est qu'elle seule a le droit de s'appeler légitimement :

La République.

XVII

NI VAINCU, NI VAINQUEUR

16 mai 1871.

En proclamant la République fédérale, la République séculaire, la République ayant la légitimité du temps et la sanction du succès, enfin la République comme aux Etats-Unis et comme en Suisse, la guerre civile allumée depuis le 18 mars entre l'Assemblée de Versailles et la Commune de Paris s'éteignait d'elle-même faute d'aliment ; il n'y avait ni vaincu ni vainqueur, et la France y gagnait d'avoir enfin un gouvernement éprouvé, un gouvernement stable, un gouvernement logique, un gouvernement qui ne fût pas en contradiction avec son principe, un gouvernement qui ne fût pas la révolution intermittente et qui fût la liberté inviolable, un gouvernement enfin dont Montesquieu a fait l'éloge en ces termes :

Il y a grande apparence que les hommes auraient été à la fin obligés de vivre toujours sous le gouvernement d'un seul, s'ils n'avaient imaginé une manière de Constitution qui a tous les avantages intérieurs du gouvernement républicain et la force extérieure du monarchique. Je parle de la république fédérative.

Cette forme de gouvernement est une convention par laquelle plusieurs corps politiques consentent à devenir citoyens d'un État plus grand qu'ils veulent former. C'est une société de sociétés qui en font une nouvelle qui peut s'agrandir par de nouveaux associés, jusqu'à ce que sa puissance suffise à la sûreté de ceux qui se sont unis.

Cette sorte de république, capable de résister à la force extérieure, peut se maintenir dans sa grandeur sans que l'intérieur se corrompe. La forme de cette société prévient tous les inconvénients.

Celui qui voudrait usurper ne pourrait guère être également accrédité dans tous les États confédérés. S'il se rendait trop puissant dans l'un, il alarmerait tous les autres ; s'il subjuguait une partie, celle qui serait libre pourrait lui résister avec des forces indépendantes de celles qu'il aurait usurpées et l'accabler avant qu'il eût achevé de s'établir.

S'il arrive quelque sédition chez un des membres confédérés, les autres peuvent l'apaiser ; si quelques abus s'introduisent quelque part, ils sont corrigés par les parties saines...

Composé de petites républiques, il jouit de la bonté du gouvernement intime de chacune ; il a l'égard du dehors, il a, par la force de l'association, tous les avantages des grandes monarchies. (*Esprit des Lois*, livre ix, chap. 1ᵉʳ.)

C'est ce que j'ai proposé, lorsqu'il en était temps encore, il y a un mois, sans que m'aient arrêté aucune injure, aucune raillerie, aucune agression,

Ce sera l'honneur de ma vie de publiciste d'avoir attaché mon nom à cette proposition, dont la justesse apparaîtra en toute lumière quand viendra le jour pour la France de discuter sa nouvelle Constitution.

Alors, mais trop tard, on reconnaîtra combien il eût été simple de faire l'économie d'une guerre civile.

XVIII

LES DEUX DEGRÉS DE SOUVERAINETÉ

17 mai 1871.

I

UNION AMÉRICAINE

Premier degré : — Souveraineté centrale dite fédérale

Les Etats-Unis garantissent à tous les Etats de l'Union une forme de gouvernement républicain et protégeront chacun d'eux contre toute invasion, et aussi contre toute violence intérieure, sur la demande de la législature ou du pouvoir exécutif, si la législature ne peut être convoquée.

Section huitième. Le Congrès aura le pouvoir :

1° D'établir et de faire percevoir des taxes, droits, impôts et excises; de payer les dettes publiques et de pourvoir à la défense commune et au bien général des Etats-Unis ; mais les droits, impôts et excises devront être les mêmes dans tous les Etats-Unis ;

2° D'emprunter de l'argent sur le crédit des Etats-Unis ;

3° De régler le commerce avec les nations étrangères entre les divers Etats;

4° D'établir une règle générale pour les naturalisations et des lois générales sur les banqueroutes dans les Etats-Unis ;

5° De battre la monnaie, d'en régler la valeur, ainsi que celle des monnaies étrangères et de fixer la base des poids et mesures;

6° D'assurer la punition de la contrefaçon de la monnaie courante et du papier public des Etats-Unis ;

7° D'établir des bureaux de poste et des routes de poste ;

8° D'encourager les progrès des sciences et des arts utiles, en assurant, pour des périodes limitées, aux auteurs et inventeurs, le droit exclusif de leurs écrits et de leurs découvertes;

9° De constituer des tribunaux subordonnés à la cour suprême ;

10° De définir et punir les pirateries et les félonies commises en haute mer, et les offenses contre la loi des nations ;

11º De déclarer la guerre, d'accorder des lettres de marque et de représailles, et de faire des règlements concernant les captures sur terre et sur mer;

12º De lever et d'entretenir des armées; mais aucun argent pour cet objet ne pourra être voté pour plus de deux ans;

13º De créer et d'entretenir une force maritime;

14º D'établir des règles pour l'administration et l'organisation des forces de terre et de mer;

15º De pourvoir à ce que la milice soit convoquée pour exécuter les lois de l'Union, pour réprimer les insurrections et repousser les invasions;

16º De pourvoir à ce que la milice soit organisée, armée et disciplinée, et de disposer de cette partie de la milice, qui peut se trouver employée aux États-Unis, en laissant aux États respectifs la nomination des officiers et le soin d'établir dans la milice la discipline prescrite par le Congrès;

17º D'établir la législation exclusive dans tous les cas quelconque sur tel district (ne dépassant pas dix milles carrés) qui pourra, par la cession des États particuliers et par l'acceptation du Congrès, devenir le siége du gouvernement des États-Unis, et d'exercer pareille autorité sur tous les lieux acquis par achat, d'après le consentement de la législature de l'État où ils seront situés et qui serviront à l'établissement de forteresses, de magasins, d'arsenaux, de chantiers et autres établissements d'utilité publique;

18º Enfin le Congrès aura le pouvoir de faire toutes les lois nécessaires ou convenables pour mettre à exécution les pouvoirs qui lui ont été accordés, et tous les autres pouvoirs dont cette convention a investi le gouvernement des États-Unis ou une de ses branches.

Deuxième degré : — Souveraineté locale

Section dixième. 1. — Aucun État ne pourra contracter ni traité, ni alliance, ni confédération, ni accorder des lettres de marque ou de représailles, ni battre monnaie, ni émettre des bills de crédit, ni déclarer qu'autre chose que la monnaie d'or et d'argent doive être acceptée en payement des dettes, ni passer quelque bill d *attainder* ou loi rétroactive *ex post facto*, ou affaiblissement des obligations, des contrats, ni accorder aucun titre de noblesse.

2. — Aucun État ne pourra, sans le consentement du Congrès, établir quelque impôt ou droit sur les importations et les exportations, à l'exception de ce qui lui sera absolument nécessaire pour l'exécution de ses lois d'inspection; et le produit net de tous droits et impôts, établis par quelque État sur les importations et exportations sera à la disposition de la trésorerie des États-Unis, et toute loi pareille sera sujette à la révision et au contrôle du Congrès. Aucun État ne pourra, sans le contrôle du Congrès, établir aucun droit sur le tonnage, entretenir des troupes ou des vaisseaux de guerre en temps de paix, contracter quelque traité ou union avec un autre État et avec une puissance étrangère, ou s'engager dans une guerre, si ce n'est dans le cas d'invasion ou d'un danger assez imminent pour n'admettre aucun délai.

10. — Les pouvoirs non délégués aux États-Unis par la Constitution ou ceux qu'elle ne défend pas aux États d'exercer sont réservés aux États respectifs ou au peuple.

II

CONFÉDÉRATION SUISSE

Premier degré : — Souveraineté centrale dite fédérale

ART. 2. — La Confédération a pour but d'assurer l'indépendance de la patrie contre l'étranger, de maintenir la tranquillité et l'ordre à l'intérieur, de protéger la liberté et les droits des confédérés et d'accroître la prospérité commune.

ART. 8. — La Confédération a seule le droit de déclarer la guerre et de conclure la paix, ainsi que de faire, avec les Etats étrangers, des alliances et des traités, notamment des traités de douane et de commerce.

ART. 21. — La Confédération peut ordonner, à ses frais, ou encourager par des subsides les travaux publics qui intéressent la Suisse ou une partie considérable du pays.

Dans ce but, elle peut ordonner l'expropriation, moyennant une juste indemnité.

ART. 22. — La Confédération a le droit d'établir une Université suisse et une Ecole polytechnique.

ART. 23. — Ce qui concerne les douanes relève de la Confédération.

ART. 24. La Confédération a le droit, moyennant une indemnité, de supprimer en tout ou en partie les péages sur terre et sur eau, les droits de transit, de chaussée et de pontonnage, les droits de douane...

La Confédération pourra percevoir, à la frontière suisse, des droits d'importation, d'exportation et de transit.

ART. 33. — La Confédération se charge de l'administration dans toute la Suisse.

ART. 35. — La Confédération exerce la haute surveillance sur les routes et les ponts dont le maintien l'intéresse.

ART. 36. — La Confédération exerce tous les droits compris dans la régale des monnaies.

ART. 37. — La Confédération introduira l'uniformité des poids et mesures dans toute l'étendue de son territoire.

ART. 38. — La fabrication et la vente de la poudre à canon appartiennent exclusivement à la Confédération, dans toute la Suisse.

ART. 57. — La Confédération a le droit de renvoyer de son territoire les étrangers qui compromettent la sûreté intérieure et extérieure de la Suisse.

Deuxième degré : — Souveraineté locale

ART. 3. — Les Cantons sont souverains, autant que leur souveraineté n'est pas limitée par la Constitution fédérale, et, comme tels, ils exercent tous les droits qui ne sont pas délégués au pouvoir fédéral.

ART. 7. — Les Cantons ont le droit de conclure entre eux des conventions sur les objets de législation, d'administration ou de justice ; toutefois ils doivent les porter à la connaissance de l'autorité fédérale, laquelle, si ces conventions renferment quelque chose de contraire à la Confédération ou aux droits des autres Cantons, est autorisée à en empêcher l'exécution.

ART. 9. — Les Cantons conservent le droit de conclure avec les Etats étrangers des traités sur des objets concernant l'économie publique, les rapports de voisinage et la police ; néanmoins, ces traités ne doivent rien contenir de contraire à la Confédération et aux droits des autres Cantons.

Partisans de la République centraliste, adversaires de la République fédérale, dites-moi, la main sur la conscience, en quels points vous voyez que la souveraineté de deuxième degré, que la souveraineté locale porte une fâcheuse atteinte à la souveraineté de premier dégré, à la souveraineté centrale?

Soit aux Etats-Unis, soit en Suisse, quels sont donc les droits de la souveraineté de deuxième degré qu'il eût été excessif et dangereux que l'Union française abandonnât et reconnût à l'Etat de Paris ?

J'ai sous les yeux la Constitution de l'Etat de New-York, que je vous engage aussi à lire.

J'y vois que le pouvoir législatif de l'Etat sera confié à un Sénat et à une Chambre des représentants, et que le pouvoir exécutif sera confié à un gouverneur, dont les fonctions dureront deux ans; mais ce pouvoir législatif et ce pouvoir exécutif subordonnés, en quoi consistent-ils ?

J'ai lu avec le plus grand soin les neuf articles, très longs, dont se compose la Constitution de l'Etat de New-York ; c'est en vain que j'y ai cherché ce que le pouvoir législatif fédéral avait laissé à faire de quelque importance au pouvoir législatif local, en dehors du contrôle exercé par ce dernier sur le pouvoir exécutif local.

Le pouvoir exécutif confié au gouverneur, qui est élu en même temps et aux mêmes lieux que les membres de la législature, consiste dans le commandement de la milice de l'Etat; il a le droit, dans les circonstances extraordinaires, de convoquer la législature ou seulement le Sénat; il a le devoir, à l'ouverture de chaque session, de communiquer, par un message à la législature, l'exposé de la situation de l'Etat et de lui recommander les mesures qu'il croit nécessaires ; il dirige les affaires administratives, civiles ou militaires, avec les fonctionnaires du gouvernement, promulgue les décisions de la législature et veille à la fidèle exécution des lois ; il a le droit de faire grâce ou de suspendre l'exécution après condamnation. Les officiers de la milice sont élus, mais le gouverneur nomme et, avec l'autorisation du Sénat, installe les majors généraux, les inspecteurs de brigade et les chefs d'état-major. Les officiers reçoivent leurs brevets du gouverneur, lequel nomme, par message écrit et avec l'assentiment du Sénat, tous les officiers judiciaires, à l'exception des juges de paix, qui, institués pour quatre ans, sont soumis à un mode de nomination spécial. Les maires de toutes les cités de l'Etat sont nommés par les conseils communaux de ces cités respectives. Les *scherifs* et les *coroners* sont élus.

La Chambre des représentants a le droit de mettre en accusation tous les employés civils de l'Etat, pour corruption ou malversation, crimes ou délits.

Dans ces divers attributs de la souveraineté locale, en est-il un seul, je vous le demande, qui porte atteinte à l'Unité dans l'Union ? En est-il un seul dont l'Etat de Paris n'ait pu jouir comme en jouit l'Etat de New-York, sauf, si l'expérience en avait fait reconnaître la nécessité ou seulement l'avantage, à choisir un Washington français pour y transporter le siége du Parlement et du gouvernement fédéral ?

Partisans de la République centraliste, adversaires de la République fédérale, répondez ! Et, si les bonnes raisons vous manquent, ayez la bonne foi de convenir qu'il est déplorable qu'on n'ait pas épargné à la France et à Paris les douleurs et les désastres de la sanglante guerre civile qui dure depuis deux mois, quand on pouvait le faire en adoptant, soit la Constitution américaine, soit la Constitution suisse, qui ne diffèrent l'une de l'autre que dans le mode de nomination du président.

Aux Etats-Unis, le président de l'Union américaine est élu pour quatre ans, à la pluralité des voix par des électeurs de second degré choisis par les électeurs de premier degré. Ces électeurs de second degré s'assemblent dans leurs Etats respectifs et votent au scrutin pour deux individus, dont un au moins ne doit pas être habitant du même Etat qu'eux.

En Suisse, le président de la Confédération helvétique est nommé pour une année par l'Assemblée fédérale, qui exerce l'autorité directoriale et exécutive supérieure de la Confédération. Le conseil fédéral est composé de sept membres. Il est présidé par le président de la Confédération.

L'adoption de l'une ou de l'autre de ces deux Constitutions eut empêché la guerre civile de s'allumer, en mars, ou l'eut éteinte, en avril ; car elle eut ôté à Paris la crainte de se voir enlever pour la quatrième fois la République, par lui proclamée trois fois, en 1792, en 1848 et en 1870.

XIX

CONCLUSION

18 mai 1871.

J'ai la ferme conviction que, si un appel, dicté par le désir de conciliation, eût été adressé à tous les esprits sérieux, afin qu'ils se missent à chercher un moyen d'éteindre, autrement que dans des flots de sang, la guerre civile allumée entre l'Assemblée de Versailles et la Commune de Paris, ce moyen eût été trouvé, la pensée de l'un stimulant la pensée de l'autre ; pour ma part, voici celui que j'eusse indiqué, en laissant toute liberté d'en modifier la rédaction, si l'idée en eût été admise :

AUX ÉLECTEURS DE FRANCE

« Electeurs,

» Lorsque des Français se battent les uns contre les autres, le courage étant égal des deux parts, il n'y a pas de raison d'espérer que la guerre civile ait une fin prochaine.

» Et cependant, il faut qu'elle en ait une, sous peine de ruine nationale et de deuil universel.

» Les situations suprêmes appellent les moyens suprêmes.

» Il en est un qui, sans imposer à qui que ce soit aucune concession, arrêterait immédiatement cette guerre sanglante et désastreuse qui dure depuis deux mois.

» Ce moyen suprême, il dépend de vous seuls, qui êtes la souraineté nationale, de l'adopter.

» La Constitution du 4 novembre 1848 a été renversée par le coup d'Etat du 2 décembre 1851 ;

» La Constitution du 14 janvier 1852, révisée le 8 mai 1870, a été emportée le 4 septembre par le flot d'indignation et de douleur que fit déborder la capitulation de Sedan.

» Il n'existe plus de Constitution. Vous n'êtes liés par aucune. Conséquemment, il y a lieu de rechercher laquelle répondrait aux nécessités du présent et aux exigences de l'avenir?

» Il est deux Constitutions que le temps et le succès ont consacrées : c'est, par ordre d'origine, celle de la Confédération suisse et celle de l'Union américaine.

» L'une et l'autre ont pour bases deux degrés dans la souveraineté et dans la représentation.

» Premier degré : Souveraineté et représentation centrale ;

» Deuxième degré : Souveraineté et représentation locale.

» En Suisse, la souveraineté centrale, dite fédérale, s'exerce au moyen de deux Assemblées, l'une qui se nomme Conseil national, l'autre qui se nomme Conseil des États.

» Aux Etats-Unis, la souveraineté centrale, dite fédérale, s'exerce pareillement au moyen de deux Assemblées, l'une qui se nomme la Chambre des représentants, l'autre qui se nomme le Sénat.

» En Suisse, le pouvoir exécutif a pour dépositaire un Conseil fédéral composé de sept membres, nommés pour trois ans par les deux Conseils réunis et choisis par tous les citoyens éligibles au Conseil national. Le président et le vice-président de la Confédération sont nommés pour une année par l'Assemblée fédérale, qui les choisit entre les membres du Conseil fédéral, lequel a pour président le président de la Confédération.

» Aux Etats-Unis, le pouvoir exécutif a pour dépositaires un président et un vice-président, élus pour quatre ans par des électeurs spécialement nommés par tous les électeurs de l'Union américaine.

» En Suisse, la souveraineté et la représentation locales sont généralement modelées sur la souveraineté et la représentation centrales.

» Il en est ainsi aux Etats-Unis.

» En Suisse, les Cantons ; aux Etats-Unis, les Etats sont souverains dans la limite qui leur est tracée par la Constitution ; ils ont tous les pouvoirs qui ne sont pas délégués au pouvoir central.

» Profondément attristée par tout le sang déjà versé des deux parts et ne voulant pas laisser à la guerre civile un motif, un prétexte de durer un jour de plus, l'Assemblée nationale, informée par moi que la garde nationale de Paris renoncerait à sa résistance si la délibération suivante était prise, l'a immédiatement votée dans sa séance du   mai 1871

« Assemblée nationale

» Tous les électeurs de France sont convoqués dans leurs comices
» pour le dimanche 4 juin, à l'effet de voter ou de rejeter la déclaration
» qui leur est soumise en ces termes :

» LE PEUPLE FRANÇAIS ADOPTE POUR SA NOUVELLE CONSTITUTION LES
» BASES DE LA CONSTITUTION SUISSE ET DE LA CONSTITUTION AMÉRICAINE. »

> *» Le président de l'Assemblée nationale,*
>
> » GRÉVY.

> *» Les secrétaires,*
>
> » JOHNSTON, DE CASTELLANE, DE BARANTE, PAUL BETHMONT, PAUL DE RÉMUSAT, DE MEAUX.

» Electeurs,

» Ces bases seraient :

» Réduction du nombre des départements au chiffre de... (1) et prenant le nom d'Etats ;

» Représentation centrale, composée de deux Assemblées électives : l'une, Chambre des représentants de la nation, élue directement pour deux ans par les électeurs, à raison d'un représentant par 50,000 âmes (2); l'autre, Chambre des Etats, élue pour six ans

---

(1) On pourrait adopter soit le chiffre des vingt-sept cours d'appel, soit le chiffre des vingt-deux divisions militaires ; mais, personnellement, je préférerais la division par quinze proposée par M. Bouderon, parce qu'elle donnerait plus de force de résistance au contrepoids nécessaire de la souveraineté et de la représentation locale.

(2) Personnellement, je pense qu'un représentant par 100,000 habitants suffirait pleinement. Composée de 380 représentants de la nation, l'Assemblée serait certainement plus éclairée qu'avec le chiffre double de 760 députés. S'il est vrai que plus une Assemblée élective est nombreuse et moins sa moyenne intellectuelle est élevée, il en découle cette conséquence rigoureusement exacte que la majorité qui fait les lois est encore au-dessous de la moyenne. Ce serait le cas de supprimer le scrutin de liste, d'adopter l'unité de collége et le bulletin uni-nominal.

par la législature de chaque E'at, à raison de quatre sénateurs par chaque Etat ;

» Représentation locale, également composée de deux Assemblées électives et d'un président élu, ces Assemblées et ce président ayant le même pouvoir législatif et le même pouvoir exécutif que ceux qui leur ont été attribués dans les Etats dont l'Union américaine est le faisceau ;

» Forme républicaine garantie à tous les Etats par le pouvoir central ;

» Pouvoir judiciaire, sans autres limites que ses limites naturelles, attribué à une Cour suprême et ayant pour doubles garanties l'inamovibilité du juge et son indépendance ;

» Egalité de tous les Français devant la loi ;

» Admission de tous les électeurs à tous les emplois publics, sans autre motif de préférence que leur mérite ;

» Abolition de toute distinction héréditaire ;

» Instruction militaire obligatoire ; mais, hormis le cas d'agression étrangère, service militaire libre ;

» Droit de la garde nationale de conserver ses armes ;

» Liberté individuelle pleinement et efficacement garantie ;

» Inviolabilité absolue du secret des lettres ;

» Pleine liberté de la pensée sous toutes les formes de manifestation, sans restrictions légales ni fiscales, conséquemment sans cautionnement, sans timbre et sans que le droit de poste puisse excéder cinq centimes par feuille d'impression ;

» Pleine liberté de réunion et d'association ;

» Pleine liberté des cultes, mais sous la réserve qu'ils ne puissent jamais être inscrits au budget d'aucun des Etats parmi ses dépenses obligatoires ;

» Pleine liberté de l'enseignement ;

» Unité des monnaies, poids et mesures ;

» Révision de droit de la Constitution, lorsqu'elle aura été demandée. soit par les deux tiers des membres de la législature centrale, soit par les deux tiers des législatures locales.

» Électeurs, si la majorité d'entre vous, animée du désir de voir se rétablir la pacification intérieure, répond affirmativement à la question qui vous est soumise, c'est-à-dire si le nombre des bulletins *Oui* est plus considérable que le nombre des bulletins *Non*, vous serez immédiatement appelés à élire directement vos représentants pour deux ans. Les président et vice-président de votre République seront élus pour quatre ans dans la forme prescrite. Dans le mois qui suivra cette double élection, chacun des États sera appelé à son tour à élire les membres de sa Chambre des représentants, laquelle choisira les quatre sénateurs que chaque État enverra au Congrès pour l'y représenter. Le renouvellement de laChambre des États aura lieu par tiers tous les deux ans. Le renouvellement de la Chambre des représentants aura lieu tous les deux ans, mais intégralement.

» En ce cas, l'Assemblée nationale considérera sa tâche comme terminée.

» Mais si, contre son attente et la mienne, le vote était négatif, alors il signifierait que l'Assemblée nationale que vous avez élue le 8 février l'a été dans la pensée que sa tâche ne devait pas se borner à la signature de la paix et qu'elle avait une autre œuvre à accomplir : celle d'Assemblée constituante.

» Pour l'accomplissement de cette tâche il serait immédiatement procédé aux cent quarante élections partielles, que des élections multiples, des démissions et des décès ont rendues nécessaires.

» Électeurs,

» Vous êtes la souveraineté nationale, prononcez souverainement ; dans le premier comme dans le second cas, votre volonté librement exprimée sera loyalement exécutée.

> *» Le président du Conseil, chef du pouvoir*
> *exécutif de la République française,*
>
> » A. Thiers. »

L'avantage qu'eût offert le moyen que je viens d'indiquer, c'est qu'en même temps qu'il eût mis fin à la guerre civile, en arrêtant l'effusion du sang, il eût tranché les difficultés que le gouvernement de Versailles, le lendemain de sa victoire, ne saura comment dénouer.

XX

POSTFACE

30 mai 1871.

Cet écrit se compose des articles que j'ai publiés dans l'*Union française*, journal dont le premier numéro a paru le 5 mai et dont le treizième numéro, portant la date du 17 mai, allait être mis sous presse, lorsqu'il a été supprimé par l'arrêté suivant :

COMMUNE DE PARIS

—

CABINET
du commissaire de police

—

Paris, le 15 mai 1871.

Le délégué à la Sûreté générale,

Sur la proposition du procureur de la Commune ;

Arrête :

Article premier. — Le journal l'*Union française* est et demeure supprimé.

Article 2. — Notification du présent arrêté sera faite par les soins du citoyen Le Moussut, commissaire aux délégations judiciaires.

Signé : Le délégué à la sûreté générale, Ferré.

Pour copie conforme :

Le commissaire aux délégations judiciaires, Le Moussut.

L'*Union française*, qui avait arboré et soigneusement maintenu le drapeau de la neutralité (1), faisait suite aux huit lettres

---

(1) L'*Union française*, journal de la République fédérale, étant le journal d'une idée et n'étant le journal d'aucun parti, demeurera absolument neutre entre la Commune de Paris et l'Assemblée de Versailles, s'abstenant de toute hostilité, évitant toutes les exagérations et se gardant de toutes les fausses nouvelles.

Le lecteur n'y devra donc chercher rien qui attise les passions, entretienne les rancunes et perpétue les récriminations.

C'est, en toute conscience, une œuvre de sincère conciliation et de bon citoyen.

successivement publiées en avril, sous ce titre : *Le Bonhomme Franklin*. C'était le développement de la même pensée de conciliation sans concession, afin que ne triomphassent, en aucun cas, ni la révolution, ni la réaction.

Le retard d'une dizaine de jours qu'ont éprouvé le tirage et la mise en vente de cet écrit s'explique par l'interruption forcée, du lundi 21 au samedi 27 mai, de toutes communications avec l'imprimerie entourée de barricades et criblée d'obus.

Maintenant qu'il ne reste plus de la Commune de Paris que les ruines encore fumantes des monuments qu'elle a incendiés et que l'horrible souvenir des actes de sauvagerie et de cruauté qu'elle a commis, cette publication semblera tardive et court le risque de n'avoir aucun lecteur ; cependant, j'ai tenu à ce qu'elle vit le jour puisqu'elle avait dû paraître le 20 mai.

Lorsque je pense à tous les effroyables désastres qui ont été, à Paris, l'œuvre d'une semaine ; à tous ceux plus irréparables encore qui auraient pu s'y ajouter ; à tous les périls auxquels, habitants de Paris, restés à Paris dans nos maisons, nous avons été exposés, périls dont le moindre était celui d'être mutilé par l'éclat d'un obus ; à toutes les conséquences incalculables, pour la France, qui eussent eu lieu si, ce qui était arrivé le 18 mars se fut renouvelé le 21 mai, les soldats mettant en l'air la crosse de leurs fusils ; lorsque je pense aux cinquante jours de combat qui, du 2 avril au 21 mai, ont eu lieu hors des murs de Paris, et aux six jours de bataille acharnée qui, du 21 au 27 mai, ont ensanglanté les rues de Paris ; lorsque je pense aux milliers de vaincus qui ont été fusillés et à tous les prisonniers, si nombreux que l'on ne saura où les enfermer, où les déporter, prisonniers parmi lesquels il y a beaucoup d'habiles ouvriers et de soutiens de famille ; lorsque je sonde la profondeur du gouffre qui a failli nous engloutir, même après le triomphe du gouvernement de Ver-

sailles, je me demande s'il n'a pas été téméraire, plus que téméraire, d'exposer à de tels risques Paris, la France, la civilisation,
l'avenir, avant d'avoir épuisé tous les Compromis que comportait
la nature des choses, et que prescrivait la prévoyance, sans laquelle on n'est pas homme d'État?

Cet écrit attestera que si je n'ai pas trouvé, du moins j'ai
consciencieusement et laborieusement cherché, fidèle à ma devise :
Cercando il vero.

Mais je crois que j'avais trouvé ; je crois que l'idée de l'Union
française, prenant pour modèle l'Union américaine et la Confédération suisse, je crois que l'idée de la République fédérale et
libérale, succédant à la République centraliste et autoritaire,
était l'idée juste.

C'est ce que ne tarderont pas à vérifier les événements qui
vont se précipiter, la crainte de Paris ne contenant plus l'impa-
tience de Versailles.

——————⊙——————

Paris. — Imprimerie SERRIERE et C°, rue Montmartre, 123.

www.ingramcontent.com/pod-product-compliance
Lightning Source LLC
Chambersburg PA
CBHW071506030726
47593CB00003B/1170